优势养育

激发孩子的内在潜能

聂荣芬 ♥ 著

中国纺织出版社有限公司

图书在版编目（CIP）数据

优势养育：激发孩子的内在潜能 / 聂荣芬著. -- 北京：中国纺织出版社有限公司，2023.6（2024.9重印）
ISBN 978-7-5229-0400-9

Ⅰ.①优… Ⅱ.①聂… Ⅲ.①家庭教育 Ⅳ.①G78

中国图家版本馆CIP数据核字（2023）第043188号

责任编辑：李凤琴　　责任校对：高　涵　　责任印制：储志伟

中国纺织出版社有限公司出版发行
地址：北京市朝阳区百子湾东里A407号楼　邮政编码：100124
销售电话：010—67004422　　传真：010—87155801
http://www.c-textilep.com
中国纺织出版社天猫旗舰店
官方微博 http://weibo.com/2119887771
天津千鹤文化传播有限公司印刷　各地新华书店经销
2023年6月第1版　2024年9月第2次印刷
开本：880×1230　1/32　印张：7.25
字数：138千字　定价：56.00元

凡购本书，如有缺页、倒页、脱页，由本社图书营销中心调换

前言

父母迈出一小步，孩子前进一大步

为什么要写这本书？

我曾经在一家国际早教中心工作，每天看到不同年龄段的孩子，感觉特别神奇和欣喜。所以，我想写一本养育孩子的书，让每一个孩子从小能被父母了解，让孩子在爱中成长，在快乐中成长，拥有面对未来的勇气。

我想写下我独特的成长经历，我从一个普通的妈妈，成为一名专业的心理咨询师、家庭教育顾问师。在8年多的时间里我陪伴着一个又一个来访者（家庭），从开始的迷茫、痛苦，到后来的领悟、欢喜。每一次个案咨询的开启，都是在回溯一个孩子的成长历程。孩子从出生到学龄前、学龄期、青春期，现在的行为都和过往的经历息息相关。这一路我也见证着很多家长走上了自我成长之路，当父母真正开始迈出改变的一小步，孩子就能前进一大步。

同时，我发现最近两年的个案咨询中，来访者的年龄越来越小，心理问题越来越严重，很多来咨询的家长会问同一个问题：现在的孩子怎么这么难教育呢？在这些个案咨询中，看似每一个来访者咨询的诉求都不一样，但又有很多相似的地方。

有一次我给一个青春期孩子做一个厌学咨询，发现不是孩子不想学习，而是父母总是用理想中的孩子和现实中的孩子比较，面对父母的高要求，孩子内心充满无力、无助、沮丧等负面情绪，最后只能用自暴自弃的方式来和父母对抗。

什么是优势养育？就是父母能够看到孩子独特的优势，用优势的部分引导孩子全方面能力的提升。优势养育也是让父母用一种积极和鼓励的态度与孩子互动和交流，当父母拥有积极主动的思维和孩子对话，就能够发现孩子更多的优势，当孩子的优势被看见、被鼓励之后，内心会获得自我价值感，最终激发出孩子更多潜质。

这本书能够帮助学龄前、学龄期、青春期的父母们用优势测评了解孩子身体发展与学习能力之间的重要关系，满足孩子心理的健康发展。书中详细描述了孩子的六层心理基本需求：第一层生理及活动的需求，第二层被爱被关怀的需求，第三层归属感的基本需求，第四层自尊心的基本需求，第五层好奇心的基本需求，第六层成就感的基本需求，很多孩子从第一层到第六层的心理需求一直没有得到满足，这也是解答很多孩子的情绪困扰，内心没有学习动力问题的真相。

书中所有案例均来自于我与孩子课堂中真实的发生，同时也借鉴《大脑情绪生活》《正面管教》、感觉统合等经典教育书籍中的理论知识。新时代的家庭教育，说难也难，说简单也简单，有三条简单有效的方法：第一条父母与孩子保持情感上的深度连

第三，优势养育有利于提升孩子的学习内驱力

在我的家庭教育咨询中，一些孩子的早期情绪困扰很容易被父母忽视，直到有一天，父母发现孩子成绩下滑谷底，出现学习困难，不想上学，甚至更加严重的心理问题，父母就会不知所措。

如何才能看到孩子的情绪变化呢？通过测评提前观测到孩子的心理状态、学习方式、学习情绪，一旦发现孩子有情绪困扰，调整学习动机和方法，这样孩子才能静下心来去学习，即便遇到挫折和困难也能够自己战胜。

希望这本书能够帮助更多的父母了解孩子，并通过科学的测评早日了解孩子的气质特点、敏感度的高低、适应能力的强弱、学习基本准备度，从小开始用因材施教优势养育的方法，激发孩子的内在动能，陪伴孩子走上健康成长的道路。

如果您想了解更多因材施教优势养育的内容，请识别封面勒口二维码领取孩子的性格单项测评一份，如果您愿意，我会同步邀请您进入本书的共读群，与我一起线上或线下探讨更多优势养育的方法和话题。

聂荣芬

于镇江

2023年3月28日

接，第二条父母潜移默化对孩子进行思想上的引导，第三条父母给予孩子行为上的积极正面示范。

那么，父母通过优势养育对孩子有哪些积极的作用呢？

第一，优势养育有利于促进亲子关系的融洽

亲子之间先有了良好的互动关系，才有其他的一切。在我的个案咨询中，发现一个有趣的现象，有的孩子与妈妈的关系比较紧张，有的孩子与爸爸的关系比较紧张，有的孩子与爸爸妈妈之间的关系都比较紧张。为什么会发现这样的情况呢？当我看到测评报告的时候，就找到了问题的根源。当父母与孩子的性格差异特别大的时候，亲子关系一定非常紧张，当父母有一方与孩子性格差异小的时候，孩子就会与性格差异小的一方容易相处。如果父母越早了解到亲子双方性格方面的差异，基本上可以解决亲子关系中大多数的冲突和矛盾。

第二，优势养育有利于解决孩子的偏差行为

亲子之间有了良好的互动关系，在小学低年段，亲子之间几乎不会出现什么大问题。随着孩子进入青春期早期，父母会发现以前那个乖巧听话的孩子忽然不见了，随之而来的会出现孩子的各种行为问题，如果父母只看到孩子的这些行为问题，有可能与孩子会发生更加激烈的冲突，出现更严重的问题。通过孩子的测评可以让父母看到孩子内心的真心话，找到孩子行为背后真正的原因，对症下药，从根本上解决孩子偏差行为的问题。

第一章 每一个孩子都是独一无二的 001

每一个孩子都自带光芒 002

哇哦,原来这就是独特优势 010

发现孩子独特优势的5个方法 016

0~10岁孩子的独特优势 023

青春期孩子的独特优势 028

独特优势不是你以为的独特优势 036

1个练习:用一天观察你的孩子 043

第二章 你了解孩子的性格吗
——揭开孩子的天赋密码 051

不爱说话与特爱说话,哪种孩子更有自信? 052

坐不住的孩子,是不是学习会不好? 058

孩子一被人欺负就哭,是不是懦弱? 064

慢吞吞的孩子,会不会卷不赢? 069

爱顶嘴的孩子,父母应该怎样鼓励? 074

绽放出孩子独特的光芒吧。

第二，孩子在体验中绽放光芒

孩子的成长离不开体验，每一次的第一次尝试都是一种不同的体验，第一次喝水，第一次哭闹，第一次观察，第一次说话，第一次走路，第一次摔倒，第一次爬起，第一次吃饭，孩子在各种各样的体验中成长，生活的体验就是一次次最好的学习机会。

然而，现在很多家庭都出现精致养育，由于内在主要养育者心中有太多的担忧、焦虑和恐惧，外在的突发疫情出现，在养育孩子的过程中会出现太多的不可以、不允许、不应该，让越来越多的孩子失去多种多样的体验机会，突如其来的疫情时代，也让孩子接触外面人事物的机会越来越少。在这样的大环境下，孩子有机会在安全的环境中继续丰富体验和学习，就显得尤为重要。

第三，孩子的世界到底谁说了算

孩子的世界里，到底是谁说了算呢？是孩子自己？还是爷爷奶奶？外公外婆？还是爸爸妈妈呢？作为一个自带光芒的孩子，一定要有在自己的世界说了算的勇气和能力。

有一次，在健身广场上，我看到一对父子在玩篮球，爸爸要求孩子按照自己教的方法去投篮，孩子却不愿意听，更加愿意很

目录

第一章 每一个孩子都是独一无二的 001

每一个孩子都自带光芒 002

哇哦，原来这就是独特优势 010

发现孩子独特优势的5个方法 016

0~10岁孩子的独特优势 023

青春期孩子的独特优势 028

独特优势不是你以为的独特优势 036

1个练习：用一天观察你的孩子 043

第二章 你了解孩子的性格吗
——揭开孩子的天赋密码 051

不爱说话与特爱说话，哪种孩子更有自信？ 052

坐不住的孩子，是不是学习会不好？ 058

孩子一被人欺负就哭，是不是懦弱？ 064

慢吞吞的孩子，会不会卷不赢？ 069

爱顶嘴的孩子，父母应该怎样鼓励 074

安静的小花猫还是好动的小猴子？　080

1个测评，了解孩子的性格　086

第三章　你了解孩子的身体协调力吗？
　　　　——统整孩子的视听功能　091

顺产和剖腹产的孩子，到底有什么不同？　092

贵人语迟，事实真是这样的吗？　098

"风吹草动"还是"风吹不动"？　105

一点就爆炸的小火山和一言不发的闷葫芦　111

遇到困难就退缩的孩子　118

孩子的眼睛就是一把尺，大脑装有识别器　125

1个测评，探寻孩子的协调发展　131

第四章　你了解孩子的核心竞争力吗？
　　　　——开启孩子的智慧潜能　135

多元智能影响孩子一生能力的发展　136

完不成学习计划，是孩子懒吗？　147

学习就像一串糖葫芦，有广度没深度怎么引导？　153

一问都懂，一考全错，怎么办？　159

1个方法，开启多元智能配合　165

四种不同的学习模式　171

1个测评，探测孩子学习力的地基　178

第五章　优势养育，助孩子成为更好的自己　181

　　提升优势，强化弱势　182

　　父母的眼神就是孩子最好的舞台　188

　　家有爱和安全感，建立一生的幸福感　197

　　满足孩子六大心理基本需求　204

　　化繁为简五部曲：了解，接纳，尊重，欣赏，享受　213

推荐人　221

第一章

每一个孩子都是独一无二的

每一个孩子都自带光芒

花和树(童诗)

陶灿宸

春天的菜花黄,

夏天的荷花粉,

秋天的桂花香,

冬天的梅花傲视风霜。

春天的树叶嫩,

夏天的树叶绿,

秋天的树叶黄,

只有,冬天的树叶全都掉光光。

你瞧,花和树多神奇啊!

它们将大自然的秘密写在自己身上。

秋姑娘（童诗）

滕泽宇

秋姑娘送来了黄，

果园黄了，

稻田黄了，

枫叶黄了。

秋姑娘带来了候，

气候干燥，

温度降低，

昼夜等长。

秋姑娘送来了冬，

开始结冰，

白雪飘飘，

夜时变长。

这两首童诗出自我的两个学生，从一年级到五年级，我一路陪伴他们俩成长，用因材施教的教育方法，关注他们的独特优势，静待他们茁壮成长。

初次见到这两个孩子，他们一动一静，我以为两个孩子是不同的性格特点。直到有一天，我给这两个孩子做了性格测评，才发现他们俩都是外向性格，但是，后天在不同的家庭环境中，在父母不同的性格特点中，在养育者不同的养育方式中，在父母不同的教育观念中，两个孩子形成了截然不同的性格特点、行为特点、情绪反应及解决问题的能力，一开始真的是很难分辨出来。

从知道他俩性格特点的那一刻开始，对这两个孩子的教学方式我做出了优势教育的调整，在课堂上一个孩子需要引导多深度思考，一个孩子需要引导多表达情绪和想法，根据两个孩子不同的气质进行不同的培养，目前为止因材施教独特优势的教育效果非常显著。

每个孩子都有与生俱来的光芒，都有他们独特的优势，如同世界上找不到两片一模一样的树叶，哪怕是一母同胞的孩子也是各有独特的优势。

孩子们在一路成长的过程中，需要怎样的后天环境，需要父母怎样温柔以待呢？父母们可以从下面5个方面入手，让每一个孩子都能够绽放出自己独特的光芒。

第一，让爱在家里流动

每一个孩子，和父母的系统和生活的世界是不一样的，从一出生，那个活在当下，最真实的孩子，想哭就哭，想笑就笑，一举一动都牵动着父母的心，父母看着眼前的孩子是那么可爱，那么纯真，那么满足。

作为父母需要做的就是：耐住性子，爱心陪伴，安心等待，把孩子当成一个孩子去对待、去养育、去陪伴。无须把自己的愿望强加在孩子身上，让孩子为了自己的梦想而活。

给予孩子无条件的爱不等于放纵，每一次和父母说起无条件的爱，父母会一脸茫然地说：那就这样不管他吗？长大就无法无天，更加难以管教了吧？这句话里面藏着父母对爱的认知，他们听到了无条件这三个字，爱这个字却没有听明白。

在一个家庭里，父亲是天，母亲是地，"天清地和出神童""天翻地覆出神经"，让爱在这个家庭里流动起来吧。

爱这个字里面包含一切美好的感受，这份感受来自感受到爱的人。爱人需要能力，被爱需要感受力，所以，在家庭中，爱只有流动起来，家里的每一个家庭成员才能感受到爱的存在，特别是年幼的孩子对于爱的需求和感知格外敏锐。

因为有爱，所以每一句话都好好说，把爱埋藏起来，是一个家庭最大的悲哀。

孩子如同一粒种子，从播种、发芽、生长、开花、结果，一路上的成长需要父母辛勤的浇灌和培养，这里面最重要的养分就是爱。爸爸爱妈妈，妈妈爱爸爸，爸爸妈妈的爱双向流动，爸爸和妈妈和孩子之间的爱也是双向流动，孩子也把自己的爱流向爸爸妈妈。这样一个家庭双向奔赴互动的过程就是爱在流动。

给孩子爱的生长环境，在爱的滋润下，在生活的体验中慢慢绽放出孩子独特的光芒吧。

第二，孩子在体验中绽放光芒

孩子的成长离不开体验，每一次的第一次尝试都是一种不同的体验，第一次喝水，第一次哭闹，第一次观察，第一次说话，第一次走路，第一次摔倒，第一次爬起，第一次吃饭，孩子在各种各样的体验中成长，生活的体验就是一次次最好的学习机会。

然而，现在很多家庭都出现精致养育，由于内在主要养育者心中有太多的担忧、焦虑和恐惧，外在的突发疫情出现，在养育孩子的过程中会出现太多的不可以、不允许、不应该，让越来越多的孩子失去多种多样的体验机会，突如其来的疫情时代，也让孩子接触外面人事物的机会越来越少。在这样的大环境下，孩子有机会在安全的环境中继续丰富体验和学习，就显得尤为重要。

第三，孩子的世界到底谁说了算

孩子的世界里，到底是谁说了算呢？是孩子自己？还是爷爷奶奶？外公外婆？还是爸爸妈妈呢？作为一个自带光芒的孩子，一定要有在自己的世界说了算的勇气和能力。

有一次，在健身广场上，我看到一对父子在玩篮球，爸爸要求孩子按照自己教的方法去投篮，孩子却不愿意听，更加愿意很自由随性地去跑、去跳、去投篮,这样导致孩子投篮的命中率很低,总是投不进去。

爸爸就开始说孩子这样不对,那样不对,我教过你的呀,按照我说的方式一定能够投进去,很积极地给孩子做了一个示范,可是孩子偏不听爸爸的话,想按照自己的想法去玩。结果,父子俩在篮球场上发生激烈的语言冲突,不欢而散。

当孩子在自己的世界能够当家作主,主宰自己的世界时,孩子就能感受到自己的能力和力量,从心底油然而生出一种我能做到、我能行的自信。这重要的感受就是源于孩子的自信,这重要的感受也是孩子在人生的道路上敢于不断挖掘出自己的潜能,面对各种困难和挑战勇往直前。

父母允许孩子在自己的世界里自己作主,这个世界可以是孩子的房间、孩子的书桌、孩子的一方天地,哪怕只是临时的场景,孩子也能够有机会做出选择和决定的权利。

第四,孩子是创造光芒者

每一个孩子都是未来的人才。

一个孩子说小了是一个家庭的延续,说大了是一个国家的希望,一个民族的未来。孩子是走向未来的孩子,在未来最需要有创造力,未来是我们这一辈无法触及的,我们不能用有限的认知去揣摩孩子未来的无限。未来有我们无法想象的情景,孩子是创造未来的人才，从现在开始，我们要打造和培养未来的人才，让孩子在未来的世界里能够光芒万丈。

孩子在未来的时代里，不仅要和人合作共处，也有可能要和机器人合作共生，更加有可能创造出属于他们时代的未来。

第五，感受孩子的万丈光芒

当孩子和父母在一起的时候，孩子能够感受到那种无法用语言表达的幸福感，那么当父母和孩子在一起的时候，是否能够感受到孩子的万丈光芒呢？

每一次在我的工作室里，当孩子完成一件拼图，完成一次阅读，完成一次涂色，完成一次朗读，孩子身上就会自动闪烁着耀眼的光芒，小龄段的孩子，我都会在他们的额头上点一个赞。

我也会给孩子们种下一棵鼓励树，用便签贴写上鼓励的语言，每一次我把便签条上的文字读给孩子们听的时候，他们都能感到自信、自豪、幸福。那时候的孩子，仿佛被一种光芒包围着，像夜空中的小星星熠熠生辉。

每一次上课前，孩子们行鞠躬礼对我说：老师好；在课程学完之后，主动把椅子收拾叠放在一起；每一次下课的时候，孩子们主动排成一排，向我行鞠躬礼，稚嫩的童声齐声对着我说：老师再见。孩子们闪烁着礼仪的光芒。

当你看到孩子走进房间的时候，你的眼睛是否会发着光呢？

你是否能够感受到孩子的喜、怒、哀、乐，你是如何用语言来回应孩子的感受的？你和孩子之间心意相通吗？你能感受到孩子的感受吗？

哪怕孩子在最低落、最无助的时候，你也能感受到、看到孩子散发出的各种情绪的光芒吗？

每一个孩子都是独一无二的，每一个孩子都自带光芒，他们如同天使一般来到人间，无条件爱着自己的父母，帮助每一位父母成长、觉醒、疗愈、重生。

每一个孩子都值得被所有人温柔对待！每一个靠近孩子的人都会留下痕迹，每一个离孩子最近的人都是教育者与被教育者。

让我们像孩子一样去爱、去体验、去享受、去创造。

| 哇哦，原来这就是独特优势

家长要细心地观察孩子，从孩子的一举一动和只言片语中去发现孩子的求知欲。

——木村久一

什么是孩子的独特优势？

先来跟我一起做个小实验，请闭上眼睛，做一个深呼吸，在你脑海里想象一下你的孩子，然后请你拿出一张纸一支笔，给你5分钟时间，一气呵成写下你能想到的孩子的所有优点，你能写下孩子的几个优点呢？

来到我工作室的父母都会遇到这样一个既简单又不简单的题目，甚至有的父母苦思冥想之后，放下笔，说：老师，我想不出我的孩子有什么优点，我能想到的都是他的缺点。

这时候，我会拿出一张A4纸，在纸的中心画个黑色的圆点，继续问父母：你们看到了什么？

绝大多数父母是同样的回答：一个黑点。

我会接着问：还有吗？

父母回答：没有了。

我会说：你的孩子如同这张白纸，代表缺点的就是这个黑点，那除黑点之外的白色部分都是孩子的独特优势。

对于大多数父母来说，没有学习因材施教家庭教育之前，能想出五六个优点就很不错了。这些优势往往是孩子擅长的科目或者某方面的特长，比如，唱歌、画画、篮球、钢琴等。

但其实，还有很多维度可以去展示孩子的优势，比如每个孩子都有不同的性格优势，如热情、真诚、好奇心、勇敢、公正、乐观、坚韧等。你会发现，其实你忽视了孩子身上太多的独特优势，就像你看到那张A4纸一样，把更多的关注点放在孩子的缺点上了。

尽管父母都很爱自己的孩子，却很有可能对孩子的优势部分视而不见，或者当成理所当然，而对于孩子弱势的部分会反复强调，反复提醒。父母觉得用这样的方法，可以帮助孩子变得更加优秀，而事实上这样的强调和提醒就是反复提醒孩子，你做得不够好，你做得不努力，你总是做不好。

如同带着一个孩子去爬山，孩子很贴心地帮助父母拿着东西，但是爬山的步伐没有能够跟得上父母的步伐，没有能够在预计的时间里到达山顶，父母就一个劲儿数落孩子的不是，孩子在登山过程中的努力、坚持和体贴，父母却漠不关心，这也都是孩子品格的优势部分，也需要被父母看到，从孩子不成功的部分充分挖潜孩子能够成功的潜力。

如果父母只关注孩子弱势的部分就会错失帮助孩子利用优势来发展潜能的机会，所以父母需要了解优势教养的教育方法。

善于发现孩子的优势

一定不要忽视孩子的性格优势。一个人的优势可以是学科能力，兴趣特长，比如，数学厉害、会跳舞、弹钢琴好听、跑得快，也可以是孩子表现出的积极的个性特征。但是，父母们往往会对性格优势熟视无睹。但其实，性格优势在帮助我们取得成就方面发挥着重要的作用，能帮助我们解决问题，通过与他人合作来实现目标。

来我工作室咨询的父母，常说的一句话就是：老师，我觉得我的孩子太内向了，我希望他能够外向活泼一点。有的父母甚至会当着孩子的面说出这样的要求，在这种时候我都会刻意去看一下孩子的表情和反应，有的孩子面露羞涩，有的孩子面露不悦，有的孩子毫无反应，假装看别的地方来缓解内心的尴尬和不安。

这样的观点很多父母都会有，不可否认，一个活泼开朗的孩子，第一眼看上去就会让人感受到热情和欢乐，这是外向型孩子的独特优势，符合部分父母理想中的孩子的画像和期待。或者说是父母对于孩子性格的期待，如果不符合父母的期待就会觉得孩子这样的性格不好，还会有一大堆的语言来证明。

只是父母忘记了孩子的独特优势也来自自己，间接地说，父母也没有及时发现自己身上的独特优势部分，甚至于不知道这就是优势部分，也不喜欢自己的优势部分，自然也不喜欢孩子的独特优势部分。

希望孩子外向一点，说这样话的父母往往希望自己外向，善于和他人交流和交往。希望孩子安静一点，往往是因为自己精力疲惫，父母喜欢独处安静。有些是父母自己做不到的部分，特别希望孩子能够做到，完成自己想做又做不到的部分，眼睛会自动忽视孩子做得好的部分，很多精力花在盯着孩子的不足。无时无刻不在提醒孩子现在你还不够好，还可以变得更好。一旦父母发现自己有这样的潜意识信念，应及时喊停，做出调整，分清楚哪些是自己的希望和期待，理性分析孩子的优势和盲点，发现自己和孩子的优势，更加客观、全面地看待孩子。

顺势而为培养孩子的独特优势

在日常生活中，要注意观察孩子的日常行为和语言，主动发现孩子的独特优势。你是否知道孩子课外时间喜欢做什么？擅长做什么？多久参与一次？当你的孩子表现出超出自己年龄水平、快速学习的能力时，你就要有意多给孩子创造机会，让他们经常运用自己的优势，鼓励孩子做自己擅长的事情。

当你发现孩子做一件事情时表现优异，对这件事充满热情，并且经常主动去做，你就发现了他的优势。

也会有一些父母向我抱怨：老师，我的孩子太调皮了，怎么样能让他安静下来呢？看起来这两个父母的希望和要求完全相反，如果把这两个孩子交换一下，是不是就能满足这两个父母的期待和希望了呢？他们就能心满意足了吗？

结果当然是否定的，因为当一个人的一个期待和希望被满足了，就会期待下一个希望被满足，而期待越多，当与现实发生碰撞、希望落空的时候，就会产生情绪，更何况这个世界上根本就没有性格完美的人。

所以，父母们首先请接纳自己和孩子的不完美，才会在优势养育孩子的路上创造无限的可能、无限的奇迹。

优势就是我们擅长做，经常做，而且做的时候满怀激情的事情。要做到从优势出发培养孩子，我们需要关注这三个要素：

首先，每一个孩子的独特优势不同，擅长做的事情也不同，擅长与不擅长中间有个点，比如，有一次我儿子买了新游戏机回来，兴高采烈地和我分享，并让我坐在他的椅子上感受新手柄带来震动的游戏体验效果，我体验了之后毫无感觉，只说了一句：的确有点不一样的感觉。

其次，在做自己擅长的事情的时候，自我感觉特别好，心情愉快，愿意分享，做什么都非常顺手，越做越有积极性，自信心、价值感爆棚。反之，自信心和价值感跌落谷底，觉得好无趣。

最后，对于自己不擅长的事情怎么办？是直接不做，还是离得远远的呢？都不是，可以鼓励孩子先突破第一步尝试一下，对于性格外向的孩子是敢于尝试新鲜事物的，对于性格内敛的孩子，在确认安全性，提前告知的情况下，多给予孩子一些思考和准备的时间，一旦他们准备好了，也是会敢于尝试的。只要孩子敢于去尝试，父母就要抓住这个机会，把孩子平时弱势的部分转变发展成为优势培养的机会。

小程是一个腼腆安静的男孩，第一次和妈妈来我的工作室，他躲在妈妈的背后，一句话也不敢说，即便是说话声音小的就像蚊子一样，妈妈也给孩子报了学习乐器葫芦丝，小程吹得有模有样，却从来不敢上台表演，终于有一次，小程站上了舞台，一开始他不敢吹葫芦丝，我蹲下来，轻声地一次次鼓励他，小程终于吹响了人生第一次的舞台曲子。小程体验了一次成功的演出经验，自信心和价值感就大幅度提升了。

这个小小成功体验的背后，有孩子的努力，也有父母和老师给予的因材施教鼓励着孩子，给予一定的时间让孩子去成长和发展。

无论孩子的先天优势还是先天弱势都是孩子最独特的部分，父母能够看见并接纳孩子的独特性，允许孩子拥有独一无二独特部分的存在，用智慧在孩子每一个优势背后去继续提升，每一个弱势背后挖潜出优势的部分，利用这样的培养方式，顺势而为反转出独特优势里最大的潜能。

发现孩子独特优势的5个方法

每个人都是天才。但如果你根据能不能爬树来判断一只鱼的能力,那你一生都会认为它是愚蠢的。

——阿伯特·爱因斯坦

如何发现孩子独特的优势呢?首先来看一个真实的案例,是我的一位学员,她有两个儿子,大宗和小宗。

宗妈在养育大宗的时候,出门时大宗看见陌生人会热情地打招呼,喜欢用语言和他人互动交流,是个人见人爱开朗活泼的开心果,对于室外的运动,大宗也特别擅长跑步、打球。学习各种技能特别快,兴趣爱好也比较广泛。

后来宗妈信心满满地迎来了小宗,带着小宗外出,小宗看见陌生的人直接就躲在妈妈后面,说他两句就大哭起来,更别提见人主动招呼了,喜欢宅在家里静静地玩玩具,对于户外运动压根一点兴趣也没有。

宗妈发现以前教育大宗的方法,现在对小宗根本不管用了,特别无奈,不知道该怎么办?每一个孩子一出生都有着自己的独特性。宗妈不了解两个孩子的独特优势，按照自己对教育的理解来养育小宗，一定会遇到难题。

看着愁眉苦恼，不知所措的宗妈，我教给她5个方法发现两个孩子不同的独特优势。

第一个方法：用眼睛观察，发现孩子的性格优势

在日常生活中，用眼睛观察孩子是否喜欢和他人互动，是否喜欢和他人说话表达，越是人多的场合，是否显得非常兴奋，特别想表现自己。对于新鲜的事物会有强烈的好奇心，喜欢参加户外动态的运动项目，很快和他人打成一片，不喜欢待在家里，有时候会用激烈的语言和行动来表达自己的不同想法，同时伴随剧烈的情绪和反应，有时候一言不合情绪就会爆炸，这样性格特点的孩子一般比较外向。

观察孩子是否喜欢一个人独处，安安静静地在一个地方待很长时间，不太喜欢和很多人一起互动交流，初次来到陌生的场所会显得比较紧张、局促。喜欢待在家里，即使出门也会一个人独自玩耍，对外面的陌生人和环境，孩子会先用眼睛去观察，只有确定安全之后，才会去探索和了解，处处显得小心谨慎。遇到不满意的事情，即便内心有想法，也不会在第一时间说出口，闷闷不乐却不善于表达出来，有不开心的情绪习惯积压在心里，这样性格特点的孩子一般比较内向。

通过我这样的描述，宗妈说：这样看起来大宗是比较外向，小宗比较安静。两个孩子性格迥异，怪不得行为反应各不相同。

这里需要特别强调的是，无论孩子的性格是外向还是内向，只是性格不同而已，没有好坏和对错。

第二个方法：用耳朵去倾听，听出孩子的话外音

这里说的话外音，不仅能听见孩子的语言，还能听出孩子声音的音量，说话的语速、语调。

性格外向的孩子在说话的时候喜欢看着别人，声音高亢响亮，语速较快，语调上扬，表情和动作都会比较夸张，肢体语言也会表现得特别丰富，说到兴奋之处还会手舞足蹈，甚至会一惊一乍，做事毛毛躁躁。人还没有到面前，声音先到了，甚至话音刚落，人又不知道去哪里了，哪里热闹就去哪里，哪里人多就去哪里。

用三个快来形容最贴切不过了：手快、脚快、嘴快。

性格内向的孩子说话的时候，声音比较细小，不敢正视别人，语速比较缓慢，说话的语调比较平缓，表情平静且安静，甚至有时候毫无表情，动作很收敛，肢体语言很小，即使是一件特别开心兴奋的事情，也总是显得那样淡定沉稳，好像是万事不着急，不喜欢去人多嘈杂的地方，行为习惯就是那种先问清楚想明白再行动，用三个慢字来形容：手慢、脚慢、嘴慢。

宗妈笑着说："大宗就是三快,小宗就是三慢。"

第三个方法:用嘴巴去提问,问出孩子的思维优势

会观察、会听之后,就可以通过提问题来了解孩子的思维优势。语言是思维的重要工具,人们用语言来进行更多、更深入的思维活动,一个人的思维力也是创新力的开始,通过提问的方式可以探寻到孩子思维的宽度、广度、深度。

在日常生活中提问的方面可以就地取材、因地制宜。比如,日常生活、阅读、户外运动。如果孩子比较内向,话比较少,但是不代表他没有想法,内向的孩子想象力丰富,观察力、洞察力比较敏锐,往往会表达出与其他孩子不同的观点和理解。可是因为不敢、不善于表达,时间长了,孩子会"茶壶里煮饺子,有货倒不出来"。试想一下,即使是一个非常有深度思考力的人,无法表达或者无法展示自己的魅力是一件多么遗憾的事情。所以,妈妈用提问的方式引导孩子多多表达,在一问一答中,问出孩子的思维优势,久而久之,孩子就会越来越愿意用语言表达自己,妈妈会更加了解孩子对于一件事情的想法和看法,甚至是一些奇思妙想。

对于外向的孩子,妈妈的提问是同样重要,外向孩子的思维跳跃,很有广度,什么内容都能说上一通,但是内容都是泛泛而谈,遇到问题的时候,喜欢问他人,求助他人,最好直接要到答案。这时，妈妈可以通过用启发式的提问，开发孩子的深度思考，开始的时候，孩子可能会怎么也想不出来答案，这和他平时的思维方式不太一样，所以妈妈就要由浅入深、循序渐进地用启发式提问的方式和孩子互动。培养孩子发散性思维和深度思考能力对于外向孩子就显得格外重要。

那么，在这个方法里，妈妈需要有会提问的能力，面对两个不同性格的孩子，提问的方式、提问的角度、提问的目标要有所不同。

宗妈略有所思地说："原来是这样啊，小宗的思维有深度不善于表达，大宗会表达却没有思维深度。"

父母是孩子的第一任老师，也是终身的老师，父母有爱更要有知识有方法。

第四个方法：用拥抱去感知，觉察孩子的情绪反应

每一个孩子从出生开始面对外界人、事、物的时候，情绪反应是不一样的，有性格遗传因素，也有后天成长环境的影响。

情绪反应和一个人内在的心理基本需求有没有得到充分满足有很大的关系，这里面包含两个部分：一是孩子的内在情绪，二是孩子外在的行为反应，内在的情绪会影响着外在行为的变化。

妈妈可以尝试用双手拥抱来感受两个孩子不同的情绪反应，如果拥抱的时候，孩子的第一反应会拒绝，情绪激动的时候，反抗行为会特别剧烈,有时候还会带着言语攻击,孩子与他人的连接充满戒备,时刻保持战斗状态,就像一只浑身长着毛刺的刺猬一样,见谁扎谁,稍有不满意,搞得仿佛要让全世界都知道,这就说明孩子的情绪比较敏感,行为有时候会有攻击性。

如果妈妈拥抱孩子的时候,孩子在妈妈的怀抱里乖巧安静,情绪平静且行为稳定,说明孩子的情绪反应比较小,像柔顺的小猫咪一样,即使内心有很多不满意,别人根本就不知道。这样的孩子表面情绪平静,内心却是情感奔腾,思绪漫天飞舞。

宗妈沉思了片刻说:"原来大宗是一只刺猬,小宗是一只小猫咪。"

第五个方法:用科学的测评工具,客观全面

父母除了可以通过眼睛来观察,耳朵来倾听,嘴巴来提问,拥抱来觉察,还可以借助科学的测评工具,非常容易操作!也受到当下许多父母的关注和认同。

所有的父母都深爱自己的孩子,却不一定了解自己的孩子,父母在观察孩子的时候往往会带着自己的主观,有时候显得不够客观和公正,有的父母对于如何教育孩子观念也不一致。还有,有积极思维的父母能看到孩子积极的一面,有消极思维的父母更多会看到孩子不足的地方,完美的父母能看到的都是孩子不够好的行为。

孩子独一无二不仅仅在外貌上，还包含其他方面，比如，性格特点、情绪反应、语言表达、人际互动、适应情景和解决问题等方面。

使用科学测评工具，一来帮助父母看见双方是否有一致的教育观念，二来帮助父母更专业、更快速、更全面地发现孩子的各项优势，在日常生活中、学习中、人际社交中提升优势，改善弱势，顺势而为对孩子进行因材施教的家庭教育。

父母和孩子之间需要一座沟通的桥，而不是一堵墙。

| 0~10岁孩子的独特优势

在儿童时期没有养成思想的习惯,将使他一生都没有思想的能力。

——卢梭

每一个人的人生发展都是一部精彩的故事,从出生第一天开始到最后一天,祝福每一个人都活出精彩的人生。人生的每一天都是现场直播,没有预演,想象不到结局。如何活好自己的人生是一件有意义的事情。

回看一下人生剧本的发展历程:0~3岁婴儿时期需要的是爱和享受,3~6岁幼儿时期需要的是创作和想象,6~12岁儿童时期需要玩耍和嬉戏,12~18岁少年时期需要的是情爱与探索,18~35岁青年时期需要面对的是现实与责任。

学龄前儿童是指尚未达到入学年龄的儿童。从世界范围看,各国对儿童入学年龄的规定各有不同,一般为5~6岁,因此,学龄前儿童的年龄界限也不尽相同,中国儿童的入学年龄规定为6岁。

儿童的发展有两大部分：生长和发展。

生长指的是外在"量"的变化，生理上的长高、长大，体重、身高变大等。

发展指的是内在"质"的进步，指的是各种器官功能与智能的成熟程度。

儿童的发展是指胎儿于母体开始，当不断接受外来刺激的时候，感觉自主神经系统自然发育，经由不断练习与调整，改善增强个体的功能，渐渐成为身心成熟健全的成人的漫长过程（神经发展的好坏将导致儿童未来行为能力之表现与人格特质之形成）。

0~6岁学龄前儿童发展的独特优势

学龄前儿童的发展是连续的且有阶段性的，儿童发展是可以预测的，是具有顺序性的。儿童发展也是有差异性的，每一个孩子都存在个体差异。儿童发展有不同的速率，儿童发展重要的二大时期：关键期和敏感期。儿童发展有三大要素：第一要素是强度，第二要素是频率，第三要素是持续时间。

如果你认为婴儿是一个不懂事的小宝宝，只要吃饱不哭就行，什么也听不懂，这就大错特错了，0~3岁孩子有安全依恋，语言、情绪和感知力都有所发展。

特别是孩子出生的第一年，是建立良性安全依恋关系最重要的时期，依恋关系简单说就是安全感，孩子一旦和主要照顾者建立了安全依恋关系，青春期的时候就会愿意听他的话，而且青春期孩子时不容易与父母发生激烈的冲突。如果孩子是由老人带大的，潜意识里孩子觉得自己与父母是一辈人，小时候父母没有养育我，长大了父母也没有资格教育我。

我带的学员中，小可就是这种情况。小可从一出生就是由奶奶带着，奶奶为了让妈妈晚上睡个安稳觉，晚上也带着小可睡觉。妈妈说小可从小到现在，只和自己睡了一个晚上，还是自己哄着才同意的。无论奶奶白天怎么对待小可，哪怕是打骂，一到晚上睡觉的时候，小可还是会选择和奶奶睡在一起。因为小可0~3岁是由奶奶带着的，所以与奶奶建立了重要的安全依恋关系。

如果一直有妈妈带孩子是不是就一定与妈妈建立安全依恋关系呢？也不一定的，后天孩子的成长环境是很重要的。

有位妈妈因为发现孩子从小一直是自己带的，可是孩子却和奶奶特别亲，和妈妈比较疏远，妈妈看在眼里痛在心里，来找我做了家庭教育咨询。原来奶奶看见孩子就是一脸微笑，和孩子性格匹配度比较高，两个人在一起很开心地玩。这位妈妈平时比较严肃，不苟言笑，孩子敏感度高，看到妈妈这么严肃会觉得害怕，所以行为上不敢与妈妈过多地亲近。经过一段时间的咨询和调整之后，妈妈缓和了自己的面部表情，很快妈妈和孩子的关系就融洽了很多。

每一个孩子的发展关键期和敏感期都是不一样的。一般来说，3~6岁是孩子的敏感期和前运算阶段的发展，0~6岁是孩子的语言、动作敏感期；1.5~4岁是孩子的细微事物敏感期；2~4岁是孩子的秩序敏感期；2.5~6岁是孩子的感觉器官、社会规范、音乐的敏感期，五感全开；3.5~5.5岁是孩子的阅读、书写敏感期；6~9岁是孩子的文化敏感期。

6~10岁学龄前期孩子的独特优势

6岁之前主要是孩子的身体发育，6岁之后就是孩子的学习了，身体发育是为学习做准备的。孩子在6岁的时候就开始进入学校，这个年龄段的孩子会有以下3方面优势：

1.学龄期孩子生理的独特优势

（1）身高、体重、神经系统：小学生正处在长身体、长知识的时期。

（2）大脑发育：0~3岁的孩子大脑已经发展了60%，4~6岁发展了80%，7~9岁发展了90%，10~12岁发展了99.9%。所以7岁的孩子大脑重量已接近成人，只是神经细胞的体积较小，发育还不够完善，故容易疲劳，注意力容易分散。

（3）感觉器官：孩子身体中的前庭觉、本体觉、视觉、听觉、触觉、味觉、嗅觉都会与大脑进行统合协调，大脑与身体协调能力越强，学习基本准备度越高，反之，学习基本准备度越低。

2.学龄期孩子心理的独特优势

这一时期孩子的情绪逐渐稳定,意志力、自觉性、纪律性比幼儿期加强,能有意识参加集体生活,开始形成自己的个性。

孩子善于幻想,富于想象力,并且自尊心强,在学校里,教师的一切行为,教育方式、方法,对他影响很大,学生时代的生活会为他将来的全面发展打下基础。

3.学龄期开发孩子思维的独特优势

提出一个问题比解决一个问题更加有难度,学龄期的孩子具备了解决问题的能力,但是对于事物的本质却不一定有深刻的认识。在小学阶段进入学习之后,要注意培养孩子独立思考的洞察力。

青春期孩子的独特优势

青春期是容易表现喜怒哀乐的感情,而且是非常强烈的。

——尼扎米

把青春期的孩子单独作为一个篇章来写,是因为这些年我在个案咨询的工作中接触了大量的青春期孩子和青春期孩子的父母。

青春期是指从儿童转到成人的一个过渡期。一般是从出现男女性征开始,直到体格发育停止为止。正常青春期开始的年龄与性别以及环境等因素都有密切关系,热带较寒带早,女性较男性早一到两年。

青春期分三个阶段,即青春期初期、青春期中期和青春期后期。青春期初期以体格、形态发育的突增现象为主,女童9~12岁,男童10~13岁。青春期中期以第二性征发育为主,形态发育速度逐渐变慢,女童13~16岁,男童14~17岁。青春期后期是达到发育成熟的阶段,女孩17~23岁,男孩18~24岁。

在青春期孩子成长过程中,孩子有喜悦也有烦恼。对于每一个青春期孩子来说都会面临来自学业、家庭、学校、父母、同学之间的不同压力。

每当一个青春期孩子坐在我工作室接受咨询的时候，我看着对面的青春期孩子，心里感受着这个青春期孩子，都会特别特别心疼，到底发生了什么让这个青春期的孩子坐在我的对面，在这些年的生活学习中，他都经历了什么？他是被如何对待的？有多少个不眠的夜晚，多少次午夜梦回的时候，他心里的苦楚会化成眼角的泪水，会不会情不自禁地滑落下来呢？

我看到有的青春期孩子的父母，和孩子站在一起，孩子个头比父母还高，身材比父母还要壮实，父母却像个保姆一样围着孩子转，询问孩子：吃了吗？冷吗？去哪里玩呀？

有一天晚上已经很晚了，我接到了一个妈妈的咨询电话，她说她的女儿今年上高中，现在已经休学在家了，情绪低落，在班级里没有朋友，平时都是妈妈在照顾她，问什么也不肯说，是因为在医院确诊了抑郁症。

当父母发现孩子进入青春期的时候，就需要改变自己的教育观念和教育方式，在了解孩子青春期的独特优势里，利用这个宝贵的机会，通过自己的学习，与青春期的孩子一起共同成长。

虽然青春期的孩子让父母束手无策，但是父母可以通过了解青春期孩子的各项独特优势之后，和谐愉快地与青春期孩子相处。

那么，青春期的孩子有哪些独特性呢？

独特性一：青春期孩子的独立自主性

孩子进入青春期一个标志性的行为就是，原来一直喜欢和父母在一起的小黏人精，忽然之间需要和父母保持一定的距离。原先可以随意进出的房间门，现在不允许父母随便进入，门上甚至还贴着一张"非请勿入"四个大字。原来特别愿意和父母一起去亲朋好友家，现在宁可待在家，哪里也不想去了。以前都是爸爸妈妈买什么衣服、鞋子就穿什么衣服、鞋子，现在孩子要自己选择衣服和鞋子的款式、颜色，甚至是自己喜欢的明星代言的品牌。

在青春期孩子独立自主的背后是在向父母传递一个重要的信息：爸爸妈妈，请让我作主，让我做选择，我已经长大了。

这个阶段也是青春期孩子三观形成的关键期，一旦错过这个最后的机会，有可能就再也没有机会弥补，这也是近些年，青春期孩子的心理个案、学习困难、情绪不稳定、行为极端，并且现象越来越严重，数量越来越多。

作为父母发现孩子进入青春期，首先应该感到高兴，孩子长大的不仅是外在的身高，内在的能力也在一起长大。我不介意父母和孩子像朋友一样相处，但是父母和孩子的家庭角色是不能错位的，一旦孩子和父母成为朋友，就会没有敬畏之心，孩子没有敬畏之心，就无法学会尊重父母、师长。其次，父母在遇到与孩子相关的事情时，与孩子进行友好、平等的协商，当青春期孩子与父母的观点不一致的时候，在保证孩子安全的前提下，允许孩子按照自己的选择去做。父母做到发自内心地尊重和接纳是不容易的事情。最后，当两方意见僵持不下的时候，合作共赢就是父母为孩子做出最好的示范，不听你的，也不听我的，而是采取折衷方案。

在青春期孩子独立自主背后，就是父母培养出孩子正确的人生观、价值观、世界观的绝佳机会。

独特性二：青春期孩子的情绪丰富多彩

青春期孩子的情绪是丰富多彩的，为什么我会用这个词语来形容呢？因为情绪本来就是多元化的，青春期孩子用自己独有的方式呈现出了情绪的多样化。

青春期孩子的情绪困扰也呈现上升的趋势，这里面最重要的问题就是青春期的父母们对于情绪不了解，也不了解青春期孩子的大脑发育与情绪反应，特别是习惯了掌控孩子的父母，忽然发现孩子开始失控了，继而爆发严重的亲子冲突。

如果说0~3岁是大脑发育最快、变化最迅速的第一个阶段，那么青春期则是大脑发育最快的第二个阶段。一个孩子经历青春期以后，他的大脑不同于年龄的累加，即在原来10岁的大脑上面又增加了几岁，而是完完全全获得了一个崭新的大脑。

据大脑功能成像研究表明，负责情绪激活和启动的大脑边缘系统发育速度快，而负责情绪调节控制的前额叶发育滞后。青春期的孩子面对情绪问题的时候，情绪的体验非常激烈，而前额叶发育滞后，情绪控制比较微弱，容易像爆竹一样炸了。

前额叶皮层要到25岁才能完全发育好，所以青春期的后期就是在这个年龄段。

青春期孩子的情绪反应波动特别大，前一秒还嘻嘻哈哈，后一秒冷若冰霜，把父母弄得一头雾水，不知如何应对，其实很多时候，青春期孩子自己也无法控制，无法解释。

父母首先了解青春期孩子大脑发育的特点，理解青春期孩子的情绪变化只是暂时的，不是永久的，放下担心和焦虑。

父母也可以学习一些情绪管理的课程，从提升情绪识别，正确表达情绪开始，父母做好情绪管理的示范，和青春期孩子交流的时候多谈谈感受，少一些说教和指责，就事论事，少翻旧账，当发现孩子情绪不稳定的时候，保持闭嘴不说话，有什么话冷静下来再说。

父母还可以参加一些父母课堂，提升自己养育孩子的技能，在处理和孩子矛盾冲突的时候，有理论、有方法，先稳定情绪再处理问题。

独特性三：青春期孩子的归属感和价值感

青春期孩子对于同伴的需求，会多过对于父母的需求，来工作室个案咨询的青春期孩子中，同伴之间人际交往的问题，往往会困住很多孩子，从小时候希望从父母眼中获得认同，到青春期的时候特别希望从同伴、小团体中获得归属感和价值感。青春期孩子不擅长人际沟通，会让孩子们在同伴之间、小团体中被孤立和抵制。

小景是青春期女孩，目前上高中，因为是独生子女，从小到大父母照顾得非常贴心，从小就不喜欢与人交往，妈妈一直给孩子灌输一些人际交往的道理，但是小景没有机会在实际生活中练习，高中住校之后，频频与同学发生摩擦，因为不善表达，处处隐忍。小景内心很是希望和同学们互动交流，情绪的压抑、学习的压力、同伴的不友好、老师的督促、父母的担忧，这样来自多方面的压力，一度影响了小景的学习，有一次小景在我的工作室里崩溃大哭。

小景需要提升情绪管理和人际交往的能力。大量的负面情绪也是需要被处理的，合理表达自己的情绪，在人际互动中学会表达自己的需求，通过一次次的情绪疏导和人际互动的练习，小景的脸上又洋溢着自信的微笑。

独特性四：青春期孩子的情感体验

青春期孩子有一种懵懵懂懂的感情会在男孩女孩中发生，与异性交往是每一个青春期男孩女孩都会遇到的美妙情感体验。身体的变化，容貌的变化，心理的成长，被男孩女孩好奇着。

比起说青春期孩子谈恋爱，我更愿意说青春期孩子与异性交往。青春期孩子对于爱和喜欢，没有能力去识别和区别，就需要父母在适当的时候，与孩子谈论这样的话题。

心理学家埃里克·埃里克森说，青春期孩子的恋爱，对于青少年的自我理解和身份认同有着重要贡献。

小阳是初中男孩，在网络中和现实中，都有和异性交往的经历，有一次咨询，他问我：老师，我这样在网上谈恋爱，是渣男吗？

我说：你认为什么是渣男？你觉得自己是渣男吗？

小阳说：我不知道，我觉得我是。

小阳对于自我的理解和身份的认同就出现了一些疑惑不解，随着咨询的深入，微妙复杂的家庭关系，小阳为什么会在网络中有多次与异性聊天的经历，等等，这些都如同剥洋葱一样被剥开了。

当一个孩子在家里感受不到爱的时候，自然而然就去外面寻找被爱的感受。很多父母就会不理解，我知道你爱你的孩子，但是你的孩子感受到你的爱了吗？如果深入和孩子谈一谈，你会感到十分意外。结果就是：大多数青春期孩子有过一次或者多次早恋现象的，主要原因之一是因为在自己的家里感受不到来自父母的爱。

一个人感受不到爱的滋养是会枯竭的，既然家里没有，那就到外面去寻找呀。如果孩子过早出现了这样的情况，首当其冲就要在青春期孩子的家里找寻答案。

即便发生了这样的事情，父母也无须过度紧张，用开放的、积极的、开明的、引导的方式与孩子开诚布公地谈一谈这个事情的积极面和消极面。还是从和孩子谈感受开始，找到孩子在家庭中缺失哪一种心理滋养。反思一下父母之间的互动关系，从根源上解决这个问题。同时还需要提前和孩子普及一下青春期的生理知识，保护好自己，不伤害他人。哪些行为是在安全范围之内的，哪些行为会超出安全范围，让青春期孩子提前知道。

独特优势不是你以为的独特优势

最有价值的知识是关于方法的知识。

——达尔文

每一个孩子都有属于自己的独特优势,然而当父母对于孩子的独特优势走进误区的时候,可能会竹篮打水一场空,花了大量的金钱和时间,却没有得到自己想要的那个教育结果。

父母眼中孩子的独特优势

有一次,小含妈妈在微信上向我倾诉,小含妈妈把小含送去上画画课,一开始孩子很开心很喜欢,后来渐渐不喜欢了,有的时候是哭着从教室出来的,小含妈妈不知道发生了什么,就在教室门口留意孩子的上课情况,听到了画画老师怒斥小含,我都教了你这么多遍了,你怎么还是不会画呢?怎么这么笨。

小含妈妈怒退了画画课的学费,心疼自己的孩子被老师这样对待。

为什么会出现这样的情况呢?是因为很多父母对于自己的孩

子和教育的了解不够深入，很容易陷入几个误区。

误区一：别的孩子学什么，我家孩子也去学什么

孩子的教育在每一个时代，每一个家庭都是非常重要的，对于如何教育孩子，很多父母是不知道的，听着别人家孩子在画画，觉得自己家孩子也要学，听到别人家的孩子在练字，觉得自己家孩子也要学，看着别人家的孩子学什么自己就带着孩子去学。孩子这也学，那也学，结果啥也没有学会，啥也没有学精，看似上了很多兴趣课，孩子没有一样拿得出手。

时间长了，孩子也没有积极性，慢慢就不学了。

误区二：强迫孩子学不喜欢的

有些家长对于孩子特长方面的教育，选择哪方面的特长，通常都是由家长指定，并不过问孩子，这就陷入了一个极大的误区。因为这场教育是面对孩子，而不是面对家长的，所以我们给孩子选择特长的时候，应该选择孩子最喜欢的，而不是我们所要求的。因为只有孩子喜欢的，孩子才会学得更好，如果我们强迫要求的话，反而会适得其反，让孩子的学习效率变得更低。

我遇到过一个有趣的小学生，他在我同楼层的兴趣班上课，有一天，他忽然敲开了我的门，对我说：老师，我能请你帮个忙吗？

我说：你说说看。

他说：你能向我的爸爸妈妈说一说，我不想上现在的兴趣课。

我问：你自己怎么不说呢？

他说：我说了，但是我妈妈不听，说是为我好。

看着这个孩子失望地离开我的工作室，我内心百感交集，心疼这个孩子，但又无计可施。

误区三：把孩子交给老师教育就好

家长会将自己的想法强加在孩子身上，给孩子选择一个孩子根本就不感兴趣的特长辅导班，然后父母在选择培训机构的时候也选择了一个资历并不是很好的老师，回家之后也没有给予正确引导。

如果孩子运气好遇到一个有教育学、心理学背景的老师，老师会友善地对待孩子，如果遇到不懂教育学、心理学的老师，那孩子就得不到应有的教育。

现实生活中，这样的教学案例有很多，在我的个案咨询中，经常遇到被老师不友好、不公正地对待的孩子。

老师眼中孩子的独特优势

教师的职责是对教育事业负责，对教学工作负责，关心、爱护全体学生，尊重学生人格，促进学生在品德、智力、体质等方面全面发展；教师的使命是履行教育教学职责，承担教书育人，培养社会主义事业的建设者和接班人。

学校里教授的更多的是学科的教学内容，老师也会对孩子们的学习情况、学习成绩关注得多一些。

在学校里一个彬彬有礼、礼貌待人的学生，一定会成为老师和同学们喜欢的人。孩子们在家庭里学会最基本的礼仪行为规范，无论在哪个场合，这样自信大方、彬彬有礼的孩子都会成为人群里最耀眼的人。

学校主要是教学科类的知识，那么在学科学习中，成绩突出的孩子也是很容易被老师关注到的，一般老师会关注两头的孩子，即学习成绩突出的和学习成绩拖后腿的，中间很大部分的孩子，既不让老师操心，也不给老师找麻烦，在学校里的大部分时间都是默默无闻的，老师反而会不太关注这部分孩子。

专家眼中孩子的独特优势

每一个来到工作室做咨询的孩子，在我的眼里，每一个孩子都是璀璨夺目的钻石，每一面都散发着耀眼的光彩。

当孩子来到我面前的时候，我会对他的每一个眼神，每一句话产生好奇。首先，我会把这个孩子当作一个独立存在的个体来对待。

其一，孩子视觉的独特优势

孩子看每一件事情的视角和我们是不一样的，有这样一个小故事：妈妈带着小宝贝去浴室洗澡，妈妈调好了水温开始和宝贝洗澡，宝贝却一个劲地说：妈妈，水好冷呀。妈妈非常疑惑不解，就想去抱抱孩子，当妈妈刚蹲下来的时候，找到了原因，妈妈和宝贝的身高差，热水洒到宝贝身上的时候，热量散了很多，所以宝贝说水好冷呀。

孩子独特的视觉很多时候和父母的视角完全不一样的，因此提醒每一位父母，孩子看到的和父母看到的是不同的，父母要和孩子一样的高度去看见孩子的视觉内容。

其二，孩子思维的独特优势

每一个孩子在6岁左右的时候就会形成自己独特的思维，这些除了先天遗传之外，还和孩子的后天成长环境，以及在每一次事情中做的每个决定有关系。

幼儿园大班的小丽天性调皮活泼，经常在妈妈和外婆面前调皮捣蛋，每一次都招来妈妈和外婆的打和骂，妈妈和外婆觉得这个孩子是不是心理有问题，就带到我的工作室来做咨询，当我单独和小丽在一起的时候，我问小丽：为什么要在外婆和妈妈面前做那些动作呢？

小丽说：我希望妈妈和外婆能够陪我一起玩。

小丽需要妈妈和外婆的陪伴，但是却不能表达内心的需求，就用调皮捣蛋的方式来吸引妈妈和外婆的注意。结果，不但没有得到自己想要的关注，反而得到了惩罚。小丽也很难过，觉得妈妈和外婆不喜欢自己。

小丽觉得妈妈和外婆不喜欢自己，就会加剧一些不良行为的发生，周而复始，小丽越来越不听妈妈和外婆的话。孩子的思维独特，也是通过自己的观察，父母的语言反馈、动作反馈，继而做出决定。这样的思维方式每一天都在孩子的大脑里自动运行，每一个孩子都不一样。

其三，孩子情绪的独特优势

每一个纯真的孩子之所以被称为"孩子"，是因为孩子的情绪就像六月的天气，说变就变。情绪的独特性也是孩子最本真、最有趣的一面。

情绪对于孩子来说，是最容易自然流露的。不同孩子有着不同的情绪风格，所谓情绪风格指情绪反应在类型、强度和持续时间上的差异。

就好像每一个孩子都有着独一无二的指纹和面孔，每一个孩子也都有独一无二的情绪风格。

情绪风格包含6个方面：

（1）情绪调整能力。当一个孩子面对困境的时候，遇到突如其来的打击，是能够迅速恢复？还是只能缓慢调整呢？

（2）生活态度。在日常生活中，孩子是积极还是消极？

（3）社交直觉维度。在人际交往中，社交直觉敏感度高的孩子能够读懂他人脸上的表情和情绪，社交直觉敏感度低的孩子只会沉浸在自己的言谈举止中，无视他人的情绪和表情。

（4）自我觉察能力。能够觉察到自己的想法、情绪感受，和身体的表现是一致的，还是不一致的，比如，发现自己生气了，呼吸和心跳会加快，嘴上却说：没有生气。

（5）情景敏感性。孩子在不同的场景中，是否能够在合适的地方说出合适的话，行为语言是否得体。

（6）专注力。在排除情绪的干扰下，孩子能够保持注意力高度集中去专注地做一件事情。

你眼睛看到的，只是你心里想看到的，想要真正地了解自己的孩子，需要不断学习专业知识，掌握科学的方法。

| 1个练习：用一天观察你的孩子

要测量一个人真实的个性，只需观察他认为无人发现时的所作所为。

——麦考莱

每一个孩子都是独一无二的，就如同每一片树叶都是独一无二的一样。每一个孩子都有自己的独特优势，每一个来我的工作室的家长，会说孩子这里不好，那里不好，而我的第一个反应就是先观察孩子，孩子们虽然同样都是两只眼睛，一个鼻子的外表，可是，每一个孩子的表现和反应都是截然不同的，观察孩子们的一言一行，是一件非常有趣的事情。

第一，观察优势和劣势

父母观察每一个孩子的优势和劣势，优势部分就是一个孩子擅长做的，劣势就是一个孩子不愿意且不擅长做的事情。有的孩子喜欢说话，但是不愿意写字，有的孩子爱看书，却不愿意表达。

父母观察孩子的优势和劣势不是为了去不停地说教，而是为了更好地利用每一个机会去培养孩子。

一元钱的硬币有两面，一面是国徽，另一面是菊花，你能说哪面好看，哪面不好看吗？孩子的优势和劣势就如同这一元的硬币，每一面都是多姿多彩，每一面都是独特而珍贵的。

一千个人的眼睛里，有一千个哈姆雷特。没有所谓的好和坏，只有所看的角度不同。有时候在特定的情景里，优势有可能是劣势，劣势也有可能是优势。

有一个青春期孩子找我做咨询的时候，对自己的内向敏感一度非常苦恼，他说：老师，我怎么样就能不这样敏感呢？我讨厌这样的自己。

我问他：你觉得你的敏感对你来说，有没有积极的意义呢？听完这个问话，这个孩子立刻就领悟到了其中的意思，他说：老师，我明白了，我只看到了我的敏感不好的一面，其实这份敏感也是我优势的一部分，比如，我可以敏锐发现周围人的情绪变化，我忽然喜欢上了我的敏感。

个体心理学大师阿德勒曾说：你的想法本来没有意义，是你赋予了它意义。

同样的道理，一个孩子的优势部分在父母的因材施教调教下可以变得更好，一个孩子的劣势部分在父母因材施教的调教下，也可以变成优势的一部分。

父母用心做好一些特别的记录，比如，孩子成长的日记，自己的情绪日记。在日常生活互动中，抓住每一个机会，随时随地用智慧来提升孩子的生活技能和优秀品质，以及解决问题的能力。

父母们也可以做一个用心的观察者，通过一天的时间，来仔细观察自己孩子的一言一行，看看你的孩子哪些方面是与你相同的，哪些方面又和你是不同的，在和孩子的日常互动中适当做些调整。

第二，观察生活技能

观察孩子一天的日常生活，从孩子眼睛一睁开，能否自主起床，自己穿衣服、穿鞋子、穿袜子、洗漱，自主吃完一日三餐，是否遵守餐桌礼仪，背着自己的小书包去上学，放学回家，自主完成家庭作业，按照生活日常惯例表，完成自己睡前所有的项目，直到晚上准时睡觉。简单地说就是自己的事情自己做。

很多父母觉得孩子小，事情做不好，做得慢，就会去代劳，孩子只有从小自己做，长大才能做自己。父母需要在日常生活中提供练习的机会，帮助孩子发展出自己的能力，同时父母也需要做到言传身教，做好示范的榜样力量。多一点耐心，多一点放手，让孩子在体验练习中不断成长。

第三，观察优秀品质

父母心里有什么就会看到什么，父母希望自己的孩子优秀是无可厚非的，而优秀的不只有学习成绩，孩子的优秀品质，才是最重要的核心竞争力。

独立，善于和他人互动交流，也可以一个人安静独处。

自信，有时候做得不够好，依然觉得自己很好。

勇敢，面对陌生的环境，第一次能够全程待在这里。

坚持，看似不可能完成的手工，却能够一次次不断尝试。

分享，把自己喜欢的食物和物品，与他人一起享受。

爱心，看到那些小猫、小狗流露出的温柔表情和语言。

同情，看到别的小朋友哭，自己也忍不住流泪。

大方，把自己唯一的食物和物品分给不是很熟悉的人。

表达感谢，用语言去感谢自己和他人。

这些美好的词语，每一个孩子身上都会有，只是有时候，父母对于孩子的严格要求，会把自己的目光只注视在孩子的缺点上，对于孩子的优点会选择自动略过，而这些看似不起眼的优点，正是培养孩子的好机会。孩子的优秀品质不是等来的，而是父母发现了，正面反馈给孩子，反复告诉孩子这就是你的优秀品质，孩子才能明白自己拥有这些好的品质，自己是一个优秀的孩子，值得拥有美好的一切，由内而外的自信才能散发出来。

在我的个案咨询中，有的孩子这些优秀品质不突出，没关系的，父母可以通过练习提升自己的思维，尽力去找孩子的品质，一点一点去放大。

小芹是我的私教课学员，从她认识我的第一天开始，就给自己孩子种下一棵鼓励树，每天用便签贴给孩子写鼓励的语言，坚持了745天，有时候，孩子因为学习压力大，看看妈妈鼓励树上的字条，才安下心来，调整好心态，继续努力。

第四，观察情绪反应

情绪反应一般有两种情况，即情绪激烈和情绪平稳。

情绪是观察每一个孩子都绕不过的话题，有时候，父母来找我做咨询的原因，就是孩子的情绪太激烈，我曾经接待过一个孩子，看到她外婆来接她放学的时候，她不想走，外婆急得要去赶着送她去下一个兴趣班学习，一把抱住孩子就走，孩子就用力用拳头拍打自己的外婆，嘴里说着"我要打死你"。

父母在观察孩子情绪的时候，特别要注意的是孩子会在什么情况下有巨大的情绪反应呢？

情绪反应出来之后会持续多长时间呢？

当孩子有情绪反应的时候，父母会说什么，做什么呢？

一天当中什么时候孩子的情绪是平稳的呢？

孩子和谁在一起的时候，情绪反应会特别的激烈呢？

第五，观察解决问题的能力

现在的家庭里，一个孩子身边有4个大人围绕着，有的家庭甚至有6个大人围绕着，孩子出现什么问题，这些大人就像消防队员一样第一时间冲上去统统就解决了。在幼儿园、小学的时候，孩子上学有人送，放学有人接，有的是电动车，有的是汽车，两点一线的生活：学校—家，家—学校，学习—作业，作业—学习，每天奔波在上各种辅导班的路上，孩子跟随着父母的安排，失去了很多独立解决问题的机会。

在我的个案咨询中，这样的问题，有的孩子出现在幼儿园，有的是小学，有的是初中或高中，甚至大学的时候，解决问题的能力往往困住每一个阶段的孩子们。

父母在孩子小的时候，就可以去观察孩子遇到难题，解决难题的能力，有的孩子会去求助大人，妈妈你帮我做这个吧，妈妈你帮我做那个吧。

有的孩子遇到困难的时候，就会用哭来表达自己的无助。有次在公交车上，一位妈妈一直在教训自己的孩子，孩子委屈地哭了起来，妈妈说：你给我把眼泪憋回去。这样粗暴简单的方法，会为孩子以后的心理健康留下根源。

有的孩子遇到困难就是一声不吭，无论父母怎么问，怎么启发，孩子就是一言不发，这就变成了一个死循环，父母越问心越烦，孩子越不开口，父母心里越烦躁，结果情绪控制不住，就会爆打孩子一顿。孩子也就学会了，遇到问题，情绪失控，直接用暴力来解决问题。

父母用一天的时间全方面观察自己的孩子，根据每一个孩子的独特优势因材施教地去养育、去培养，优势的地方继续保持，弱势的地方可以调整。

当然，如果现在你还是不能通过一天的时间来观察你孩子的独特优势，也不用着急，如何全方位地了解孩子，如何因材施教培养孩子，接下来的内容，我们一起仔细阅读。

第二章

你了解孩子的性格吗

——揭开孩子的天赋密码

不爱说话与特爱说话,哪种孩子更有自信?

要尊重儿童,不要急于对他们作出或好或坏的评价。

——卢梭

如果有这么两个孩子同时出现在你的面前,你会认为哪个孩子更有自信呢?

一个孩子看见你特别喜欢和你交流,用说话表达自己与你进行热情的互动,特别擅长与陌生人进行语言互动。

另外一个孩子面对着你却沉默不语,一言不发,心有千语,就是不开口说话表达。

对于这两个不同表现的孩子,你会觉得这两个孩子谁更加有自信呢?

很多父母都有一个误区,认为能说会道的孩子更加自信,事实真的是这样吗?

自信就是在一个人自我评价上的积极态度。一个人如何正确地看待自己,无论别人如何评价自己,自己都喜欢自己,永远对自己充满希望。

有一位妈妈带着她的孩子来找我，愁眉苦脸地说："老师，你看我的孩子，一直都不怎么爱说话，问什么也不说，急死我了，看起来一点自信也没有，现在是幼儿园大班，很快就要上小学了，看着她这个样子，我特别着急担心，马上上小学了可怎么办呀？"

我面带微笑，蹲了下来，认真看着眼前的这个小女孩，小女孩一开始躲在妈妈的身后，瞪着一双大眼睛怯生生的，又害怕又好奇地望着我。

我柔声问道：你叫什么名字呀？

小女孩声音细细地回答：我叫小乐。

我说：你好，小乐，欢迎你来到我的工作室，请先参观一下我的工作室，然后告诉我，你最喜欢工作室的哪个地方好吗？

小女孩看了看妈妈，看了看我，在妈妈肯定的眼神中，她围绕着我的工作室走了一遍之后，又回到我的面前，手指着书架告诉我：老师，我最喜欢的是这个放满书的书架。

我和小乐的初步连接建立成功，妈妈看到小乐不爱说话，认为不爱说话的孩子没有自信，然而在这里，小乐对我这个陌生人，是敢于说话的，内心是有自信的。

同时，我更加好奇的是，为什么妈妈会说这个孩子在家里不爱说话呢？到底发生了什么让这个孩子在家里不爱说话呢？

直到有一次我看到小乐的外婆来接她,我和外婆聊了起来,这个疑团一下子就揭开了,外婆和小乐说话充满了急躁、焦虑和担忧,语言中充满了各种埋怨和指责。外婆说,自己着急的时候,还偶尔出现动手动脚踢打小乐的情况。

当然外婆年纪也大了,每天除了带孩子,帮忙分担家里各种家务,这些细碎的家务会消化外婆的精力,在面对孩子的时候,就是会希望孩子能够听话,让自己少操点心。

可是,偏偏小乐是一个敏感度高的女孩子,对于安全的环境、和善的态度、温和的语调需求特别高。每天妈妈下班回家的时候,外婆就会对妈妈说今天孩子做得不好的地方,妈妈就会训斥小乐,外婆的焦虑情绪会传染给妈妈,妈妈的焦虑又会影响小乐,还责怪小乐不乖,不听话。

大人关注孩子的行为,而孩子关注的是感受,完全是不一样的。小乐虽然年纪小,但心里都懂,面对外婆对自己的描述,心里很不开心,年纪尚小的她,无法进行解释和说明,内心不舒适的感觉影响着她的情绪,久而久之,小乐就什么都不敢说。

由此可以找到,妈妈眼中的小乐不爱说话、不自信背后真正的原因。

另外一位妈妈带着一个男孩来找我,他叫小智。妈妈对我说:我家这个就是一个特别爱说话,说个不停的小朋友。

第一次见面,男孩非常害羞地躲在妈妈的身后,用眼睛打量着我，当听说妈妈要离开的时候，竟然哭了起来。我把他带到凳子旁边，让他坐下来。我和小智并排坐在一起。

我说：小智，你看见妈妈走了，现在很难过，是吗？

小智说：是的。一边说，伤心的眼泪就掉了下来。

我说：老师知道你很伤心，你爱妈妈，你想和妈妈在一起，对吗？

小智说：是的。边说边点头。

我说：如果你很难过，可以哭一会，老师会陪着你的。

小智眼中含着眼泪，有点不敢相信地看着我，大概3分钟左右，他就从情绪中出来了。当他放松下来之后，我就看见了一个不停说话，不断想要表达，语速特别快，还会插话，一边说，一边用手来拉你，希望被全然关注地看着他说，只听他一个人说话。

以上两个孩子，一个是不爱说话的孩子，另一个是不停说话的孩子，到底哪个更加自信呢？

为了全面了解这两个孩子，我给两个孩子各做了一套儿童测评，通过测评，我看到这两个孩子，他们的先天气质都是一般内向，敏感度高的孩子，养育这样的孩子，父母需要更多的耐心和爱心。

小乐不爱说话是没有机会说，说话之前，会观察周围的人和环境是否安全，才会开口说话，如果父母过于急躁，或者责怪孩子说话太慢，就会打击孩子说话的积极性。

不停说话的孩子是没有被认真倾听过，妈妈的表达方式也是语速特别快，一次性说的话特别多，孩子根本观察不过来，倾听不了，整个信息传达是不完整的。

孩子也着急想要表达自己的看法和想法，只能通过不停说，重复说，插话说，来让父母看见自己、关注自己。

所以，父母通过观察孩子是否爱说话来判断孩子有没有自信，有时候不是很准确。

如何培养不爱说话孩子的自信呢？

（1）通过观察或者科学的测评来了解孩子的先天气质，父母了解孩子才能更好与孩子连接和互动。

（2）父母与主要养育照顾者的情绪稳定。大人的情绪稳定会让孩子对人、事、环境产生安全与信任，有了这份安全与信任，孩子才有内在的安宁，对于探索外界具有好奇心。

（3）营造让孩子说话表达的机会，父母与主要养育者多倾听，鼓励孩子多多表达，看着孩子的眼睛，关注孩子的神情，允许孩子说出自己的想法，并给予积极的反馈。

（4）父母对于不爱说话的孩子给予更多的耐心陪伴和指导，让孩子在安全的亲子关系中慢慢练习。

如何培养爱说话孩子的自信呢？

（1）了解孩子是开发孩子的第一步，说个不停不代表有自信，会说不等于能够说明白，说清楚。

（2）多倾听孩子，允许孩子一次或者多次把心里想说的话全部说完，一个没有被认真倾听过的孩子，也没有学会倾听他人，而且长大之后特别容易聒噪。

（3）父母示范不插话，当孩子说话的时候，父母与主要养育者安静倾听，不随意打断孩子的表达，确认孩子说完后，大人才开始说话，为孩子做不插话的示范。

（4）语速放慢，父母与主要养育者说话的时候，有意识放慢自己的语速，用简单明了的语言表达自己想要表达的主要内容，并确认孩子是否听懂了。父母脸上面带微笑，听孩子说话的时候点头认同，不打断孩子说话，示范倾听，孩子说完之后，给予积极反馈和鼓励。

探寻一个孩子内心是否自信，用爱说话和不爱说话来判断是不够准确和科学的，培养拥有自信的孩子，一定和父母及主要养育者之间的良好亲密互动有密切的关系，营造适合孩子性格特点的成长环境，满足孩子的心理需求，让孩子从小能够发展出满满的自信。

| 坐不住的孩子,是不是学习会不好?

为了孩子,我的举动必须温和而谨慎。

——马克思

坐不住一定学不好吗?坐得住一定学得好吗?

每一个孩子天生都是向上的,每一个孩子天生都是爱学习的。

孩子在肚子里的时候,他们已经有着五花八门的学习姿态,翻滚、踢、拉,用自己独特的方式听着、感受着、学习着。

孩子从一出生就开始进行学习,从妈妈的肚子里出来,面对一个陌生的世界,0~3岁的孩子躺在摇篮里,就开始用眼睛通过观察来学习和模仿大人的一言一行、一举一动。

孩子的学习是在日常生活中,回想一下,一个刚出生的孩子,在一年的时间里,居然学会了那么多的技能。从两三个月学习抬头,四五个月学习翻身,六七个月学习坐着,八九个月学习爬行,12个月左右就会走路,并且一个字一个字学习说话,与人互动,短短的时间里,这个小小的人儿就通过自己的学习学会了那么多的技能,这是多么强有力的学习能力呀。

瞧一瞧，这个小娃娃的学习方式是不是多种多样的呢。

有一天，一年级的小杰跟随着妈妈来到我的工作室，刚进入小学，一个月的时间，老师请家长去问话好多次，反应小杰上课的时候总是坐不住，严重的时候已经影响到老师上课，希望家长严加管教。妈妈实在无可奈何，只能来求助我。

小杰一进我的工作室，我就看到一个活泼好动，行动力快的孩子，对新鲜的事物特别好奇，一双好奇的眼睛，东看看，西瞧瞧，还特别喜欢和他人分享交流。

其实，好奇心是每一个孩子学习的源动力，这里的"源"指的是源源不断的意思。因为好奇，所以想去了解，想去探索尝试。好奇心在每一个孩子身上体现出来的也是不一样的，好奇心强的孩子，对于外界的一举一动，都会被吸引，就想去"打破砂锅问到底"，到底是怎么回事呢？为什么会这样呢？

有的孩子几乎是"十万个为什么"，凡事都要问为什么，遇到自己不明白的事情就会围着父母问个不停，父母开始的时候很有耐心，慢慢地失去耐心，有时候嫌孩子烦人，就开始敷衍孩子的问题，有的时候甚至拒绝回答孩子的问题。

这个时候，孩子的好奇心就没有被激发，而是被压抑了。

了解到小杰一直是爷爷奶奶带大的，老人家带孩子总是以孩子的安全为第一，孩子小的时候，基本上不允许孩子对新鲜事物去探索。

我曾经看到过一位奶奶带小孙子，12个月大的小孙子看到家里的电饭锅盖，伸手想去摸，孩子平常也无数次看到奶奶、妈妈、爸爸去拿那个电饭锅的锅盖，也想自己尝试一下。奶奶赶紧上前，拉住孩子的手，嘴里说着：不要摸，这个东西太脏了。面对奶奶的反对，孩子更想要去摸那个电饭锅的盖子，奶奶就直接把孩子抱开了。12个月大的孩子还不太会用语言表达自己的想法，只能用哭声表达自己的不满。这一次的尝试彻底失败了，孩子的好奇心被阻止，可是内心的好奇心驱使着孩子想要去了解这个神奇的电饭锅盖子。

长期这样的体验会有两个结果，一个是孩子偷偷摸摸去拿，还有一个就是面对新鲜的事物，彻底失去了好奇心，也就失去了学习的源动力。

无论多大的孩子，其学习是多元化的，学习的状态和方式，不是只有坐着学习一种。一年级的小杰，就是那种"三快"的孩子，性格外向，这样的孩子对外界充满热情和好奇，永远是一副精力充沛的样子，在课堂上需要坐着学习，可能课堂之外，他一分钟都停不下来。

坐着学习是一种学习方式，但不是唯一的学习方式，对于坐不住的孩子，可以通过3个方面具体深入来了解。

第一，循序渐进练习

让学龄前的孩子能够坐得住需要通过循序渐进的练习，孩子腰部肌肉和腿部肌肉的发展是坐得住的身体基础。父母可以在日常生活中与孩子进行有趣的亲子互动游戏，一开始父母和孩子一起席地而坐，玩一些简单的亲子游戏，然后升级游戏，父母和孩子一方坐在小椅子上，玩一个叫作"鲨鱼和海豚"的游戏，父母和孩子一个扮演鲨鱼，一个扮演海豚，游戏有两个规则：一要坐姿端正，二不许笑，1分钟之后双方互换角色，这样在愉快、轻松、幽默的氛围中，不知不觉增加了孩子坐的时长。

第二，根据心智年龄安排学习

心智年龄和实际年龄不同，有的孩子虽然实际年龄已经到了该上一年级的年龄，但是心智年龄却属于迟缓发育的状态，身心发育并没有为上一年级做好准备。我曾经接待过一个孩子，实际年龄已经6岁了，但是心智年龄却只有三五岁，这样的情况对于孩子升入一年级，就会是各种压力，孩子坐不住，听不懂，学不会。对于心智年龄与实际年龄差距较大的孩子，根据孩子的实际能力，安排孩子的阅读、游戏、学习。

对于心智年龄超过实际年龄的孩子，在选择阅读、学习的时候，以心智年龄为准，不然孩子对自己已经学会的东西再学，就会失去兴趣，影响孩子学习的动力。

第三，挖掘孩子安静的潜力

当父母发现自己的孩子坐不住的时候，也无须过多担忧和焦虑，这样的孩子也有自己的优势，通过小步前进的方式，和孩子一起通过静态的方式发现和挖掘孩子能够安静下来做的事情，比如，孩子今天安静地看书10分钟，父母可以正面反馈给孩子：虽然别人说你很好动，但是妈妈今天发现你在安静地看书哦，你是可以做到安静地坐着学习的，妈妈给你点赞哦。

不要随便给孩子贴上坐不住的标签，可以贴上一个积极的标签，让孩子对自己有信心，哪怕只是10分钟，也是一种进步的开始。

比如，和孩子一起探讨，什么时候能坐得住，什么时候会坐不住？是外界的干扰，还是自己想要动呢？你需要爸爸妈妈的帮助吗？当你坐着的时候，想动的时候，可以怎么去做来提醒自己呢？

把提醒孩子行为的责任还给孩子，很多时候，为什么孩子不听父母的提醒，因为那是别人说的，是他律，只有按自己说的去做，那才是自律。

循序渐进地发现和挖掘孩子坐得住的潜力，你就会发现，你的孩子越来越坐得住，学得好，即便是坐不住的时候，孩子也是另外一种体验和学习。

之前，爸爸妈妈对小杰缺少全面的了解，过度关注孩子的一些负面行为，一看到老师的反馈，父母很自然情绪爆炸，总是觉得自己孩子又犯错了，又违反纪律了，回家就训斥孩子，惩罚孩子，这样做只会让小杰产生更多不满的情绪，继而会加剧孩子坐不住的行为。父母和孩子双方都痛苦不堪，父母无心上班，孩子无心学习。

通过我给的3个方法，小杰父母回去使用正向反馈的方式，发现并鼓励孩子积极的一面。一年级的小杰也越来越坐得住，老师也没有再反馈给妈妈这方面的问题。

坐不住只是孩子表象的一个负面行为，如果只关注这个负面行为，会引起一系列的恶性循环，父母的焦虑不安，又会不断强化孩子的负面行为，反而会影响孩子对于学习的动机，学习的兴趣，连续发展就会影响孩子的学习成绩。

坐不住与学不好之间，没有必然逻辑的关联，父母的观念会主导事情的发展，通过发现孩子的独特优势，用优势养育就可以让孩子既能坐得住，又能学得好。

孩子一被人欺负就哭,是不是懦弱?

> 哭是以爱的能力、同情的能力和想象力为前提的。所以容易哭的人既不是心肠硬的人,也不是没有想象力的人。谁要是还能哭,就必然还能爱人,还能对别人同情。
>
> ——叔本华

自己的孩子被他人欺负,这是很多父母最心疼,最舍不得,最不想看到的。在家里的时候,父母都会照顾好孩子的生活安全和情绪变化,而当孩子渐渐长大,处于团体生活中的时候,比如,幼儿园、学校、公共场合,孩子和孩子之间必然就会发生各种身体摩擦、语言摩擦、情绪摩擦、行为摩擦。

每一个孩子的反应强度不一样,有的孩子反应强度偏弱,被别人碰了一下,毫无反应,有的孩子却是反应比较强,轻轻碰一下,甚至会因为疼痛而大哭起来,还会向父母和老师说:那个人打我,欺负我。有的孩子在幼儿园、在学校几乎天天被同学投诉。

首先父母和老师要全面了解当时的情况,孩子之间是在玩耍,还是在无意或有意打闹,或者是真的存在冲突和纠纷。

被人欺负之后的行为，每一个孩子都是不一样的，每一位父母的情绪反应和处理方式也不一样。在幼儿园、小学校园因为孩子反应强度不同，发生了同学之间的误会每天都在上演。

有一位父亲给我反馈了这样的一个案例，他的儿子在上小学的时候，有一天在学校被同班同学欺负了，儿子哭着回家寻求爸爸的帮助，这位父亲怒气冲冲带着自己的儿子来到了学校，找到那个欺负儿子的同学，接下来的举动惊呆了所有人，他当着儿子同学的面，狠狠地打了自己儿子一个大耳光，还对儿子说：以后有人打你，你就给我打回去，哭有什么用，是男人就给我狠狠地打回去，真是一个没有用的东西。任凭自己的儿子留在原地无助地哭泣。

孩子被欺负之后，没有还手，在原地大哭是懦弱的表现吗？不，肯定不是的。

这里给被欺负的孩子贴上一个懦弱的标签，也是不合适的。

首先说明这个孩子天性纯良，与人为善，即便是被欺负，也没有选择欺负别人。先天性格比较和善，行为反应不是那么激烈。

其次在孩子被欺负的时候，第一时间寻求父母的帮助也是情理之中，说明亲子关系比较融洽，对于孩子来说，在不知道该怎么办的时候求助他人，这也是孩子的一项重要社会技能。

最后也许孩子也是第一次遇到这样的事情，也不知道该如何应对。因为很多父母会常常对孩子说要和同学友好相处，面对别人的不友好,却从来没有说过该如何应对处理。对于忽然发生的事情,孩子需要时间去适应。

而这位爸爸的处理就过于激烈了,且不说是"以暴治暴",孩子原以为爸爸会给自己伸张正义,没想到,到头来,却又让自己受了一次伤害,还是在欺负自己的同学面前,这让孩子情何以堪。明明自己受了委屈和伤害,却没有得到理解和支持,这让孩子内心充满着怎么样的复杂情绪呢?

其实这位爸爸这样处理问题,让自己的儿子受了第二次伤害,第一次身体伤害是来自同学的,第二次心理伤害是来自自己的父亲的。

这里面会有三种可能,第一是这个孩子以后再次被欺负的时候,就会以牙还牙,以暴制暴。第二是这个孩子以后被欺负时,就不会寻找求助的人,因为求助是没有用的,没有人会真正地帮助他,只能默默地承受,他人是不安全的,不友好的。第三是我打不过,跑还不行吗?以后遇到困难,孩子就会用逃避来解决问题。

以上可能都是自我保护的方式,只是孩子没有在这件事情中学会,在面对被欺负的时候,如何正确地处理问题的人生技能。

当孩子被欺负之后哭,这里面也有很多层含义。

第一层含义:哭是一种情绪的释放,把那些痛苦不满发泄出来,宣泄自己的情绪,哭也是一种可以疗愈的方式。

第二层含义：哭声也是为了吸引别人注意，别的同学看到可能会被吸引，引起他人的注意，及时参与过来，有可能制止后面更加严重的事情发生。

第三层含义：孩子被欺负之后，觉得自己很痛，很委屈，无法用语言表达出来，哭也是最直接、最本能的反应。

第四层含义：哭也是很无助的反应，不知道该如何处理这件事情，自己沉浸在情绪中，大脑无法理性思考，不知所措，希望得到帮助。

孩子一被人欺负就哭，并不是懦弱的表现，反而是一种对自己情绪感知力的外在表达，父母万万不可随便给孩子贴上懦弱的标签，让孩子有机会体验丰富的情绪，也是孩子需要学习的人生技能之一。

父母和老师在处理问题的时候，秉持着先处理情绪，再处理问题的态度，从这件事情中有什么样的收获和反思，下一次遇到同样的事情孩子如何自己去面对和处理。

性格不同的孩子，处理的方法也不一样哦。

有一次一个孩子在我的课堂上，忽然就大哭起来，一边哭一边说："你们都冤枉我。"我和其他孩子面面相觑，不知道发生了什么。等孩子大哭了一会儿之后，孩子的情绪有所缓解，我才详细地询问孩子刚才发生了什么事情。原来是别的同学一句无心的话，让孩子感受到了不公平，觉得自己受了委屈。

外向的孩子情绪来得比较猛烈、比较快，首先允许孩子哭一会，哭完之后情绪冷静下来再询问孩子事情发生的前因后果，让孩子自己说出来，说的过程中，父母安静地倾听，重复孩子的话就可以了，确认事情的来龙去脉。接下来通过询问孩子，让孩子自己说出刚才事情中的更多感受细节，问出孩子内心真正的需求，因为外向的孩子是通过说来统整事情的原貌，说着说着，孩子能自己找到哭的原因和解决问题的方法。

内向的孩子会哭，哭也是在积极地表达自己的情绪，性格内向的孩子被欺负之后，情绪感受会更加丰富，容易压抑自己的情绪，陷在情绪里的时间相对长一点，这时需要父母更多的耐心和爱心，引导孩子说出刚才发生的事情，了解孩子内心真正的想法，用说来疏导孩子的负面情绪，先把孩子从负面情绪里带出来，再引导孩子如何处理这件事情。

不同性格的孩子面对被欺负之后的反应是不一样的，父母根据孩子性格特点做出不同的反应，说教、责怪、打击都是不可取的。

因为每一个孩子都不一样，实行因材施教的教育方法，教会孩子面对不同情境，学会不同的人生技能。

父母在孩子哭的时候，如果一味来支援和帮助，那么孩子就没有机会去学会长大和面对各种逆境。因为在孩子未来的生活里，父母不可能永远守护在孩子身边解决各种问题，所以逆境虽然是挑战，同时也是孩子学习成长的大好机会。

慢吞吞的孩子，会不会卷不赢？

缓慢就是稳妥。

——托·德雷克斯

看到慢吞吞三个字的时候，你的脑海里是不是出现了一只小蜗牛，在地上慢慢地爬呀爬，如果小蜗牛是独自爬行，也许还自得其乐呢。但是如果小蜗牛前面有只会着急的蜗牛妈妈，在前面催啊催啊，小蜗牛有可能心有余而力不足，会爬得更慢，甚至一动不动了。

周六的一个上午，辰辰妈妈带着辰辰来到我的工作室，非常焦虑地对我说：老师，我已经快急得发疯了，我这娃做什么事情都是慢吞吞的，从早上起床开始，穿衣服、刷牙、吃早饭、出门，无论做什么都慢吞吞的，读书慢，写作业也慢，各种动作就像是在慢动作播放一样啊，我实在不知道该怎么办。

我看辰辰一脸无辜地看着我，慢慢地低下了头，坐在沙发上，眼神没有刚进门时的光彩，默默地一言不发，好像是等待着什么。

我问辰辰：我们可以聊会儿天吗？

辰辰抬头看了看我，开始进行思考，没有立刻回答。

妈妈忍不住插话：老师在和你说话呀，辰辰，你快点回答老师呀，你这个孩子，怎么不懂礼貌呢？

我请妈妈保持安静，允许孩子思考之后再回答我，同时也请妈妈先在外面待一会儿。

辰辰看着妈妈出去了，好像松了一口气，慢悠悠地说：老师，我妈妈在家里经常这样催我，她越催我，我就越慢，因为我心里会心烦意乱的，心情会紧张，会害怕，妈妈的声音有时候会特别大，我手上的动作就更加慢下来了，因为我想把每一件事情都做到最好，可是，有时候做太快就会做错，慢点我就会做对了。有时候，爸爸妈妈也不听我说，我心里也不想说，手脚就会故意慢吞吞地不想去做。

我说：原来是这样的啊！谢谢你告诉我关于你的这些重要的内容，辰辰，你已经做得很好了！

我把辰辰的心里话反馈给了妈妈，妈妈听完之后说：老师，我这个人吧，就是脾气有点着急，看着孩子慢吞吞的，我就会急得不行，从来也没有像老师这样仔细问过孩子，以后我会注意自己的脾气和语气。

做事情慢吞吞的孩子，和孩子的先天气质有一定的遗传有关系，也有可能父母一方性格就是慢吞吞的性子，当然慢吞吞也不一定不好呀，慢吞吞的孩子遇到慢吞吞的父母，就会比较和谐，他们节奏一致。慢吞吞的孩子遇到急性子的父母，亲子互动之间就会经常发生很大的挑战。

行动慢，说明孩子擅长先思考再行动，每一件事情从头到尾计划好，做好充分的准备才开始动手去做，那么充分的准备就是需要时间，表面看起来孩子就是不行动，而孩子的大脑像一个系统一样在有条不紊地运行着。

宁宁妈妈也是一个急性子，偏偏宁宁是一个慢吞吞的孩子，之前宁宁妈妈追求的亲子互动就是那种话音刚落，宁宁就要立刻做出回应和回答，宁宁妈妈面对宁宁这样的慢半拍，有时候就会情绪失控，从早到晚都在说着，"快点起呀""快点吃呀""快点做呀""快点走呀"，越是这样，宁宁的速度就越来越慢。两个人在家经常因为一件很小的事情最后发生很大的矛盾冲突，最后在宁宁的一场痛哭中，妈妈无奈收场。过一段时间，这样的冲突事件和情绪卷土重来，一次一次循环。

宁宁妈妈做每一件事情，要么不做，要做就做好，除了速度，在别的方面也是无可挑剔的。宁宁妈妈之所以如此催促，是因为在妈妈的教育观念中，对于慢吞吞行为的认知就是不积极上进的表现。宁宁妈妈也是性格比较急躁，做事雷厉风行，也很自然用自己的行为标准来要求宁宁。

慢吞吞的孩子有哪些方面的优势呢？

（1）慢吞吞的孩子具有敏锐的观察力，计划周详，考虑问题全面且周到，每件事情的前因后果都会考虑在内，统整能力非常强大，会有各种备选方案。

（2）慢吞吞的孩子定力十足，处事不惊，情绪稳定，遇到突发事情，也能做到不慌不忙。这些超强的心理素质，让他们特别在发生重大事情的时候保持冷静的思考能力。

（3）慢吞吞的孩子大脑比较冷静，短时间内能找到更多解决问题的方案，这些也是孩子需要具备的适应各种情景的能力。关键时刻能够镇住场子，堪当重任。

慢吞吞的孩子有哪些方面的盲点呢？

（1）慢吞吞的孩子脸上表情过于平静，经常板着个脸，给人一种严肃的感觉，不容易靠近。

（2）丰富的内心世界从不轻易被他人觉察，更多的时候喜欢一个人安静独处，用来恢复自己的精力。

（3）他们希望被尊重，被允许，被理解，对于安全熟悉的环境要求比较高。

慢吞吞的孩子会卷不赢吗？

慢吞吞的孩子虽然表面上看起来有点慢，说话慢一点，动作慢一点，但是思维却是快速的，心里什么都明白。

小宇是一个青春期的男孩，在我的工作室里，第一次我和他做情绪卡片游戏的时候，他挑选情绪卡片的时间特别长，选择的时候特别容易纠结，拿起这张情绪卡，拿起那张情绪卡，又想要，又想放下，他说：老师，我不知道该怎么选？老师，这个情绪卡是什么意思呢？

有时候，他同时拿出三张情绪卡问我：老师，这三张哪个情绪更加严重呢？

我说：根据你的直觉去选择情绪卡，你可以选择七张情绪卡。我理解你的纠结和矛盾，跟随你的内心去选择。

第一次小宇慢吞吞选了30分钟，他自己也有点不好意思，通过每周一次的练习，到后来速度越来越快，现在可以在5分钟之内，完成选择情绪卡并完整地表达出来。从慢吞吞到可以高效完成，大脑思考和语言表达同步完成，既有深度的思考，又能够全面综合地表达，孩子的能力就逐步提升了。

当父母、老师了解了孩子的独特气质之后，就能更好地引导孩子的成长，根据孩子的天生气质来引导孩子的成长，提升慢吞吞孩子的优势，改善慢吞吞孩子的弱势，让孩子的综合能力得到提升，这就是因材施教的优势。

慢吞吞的孩子不是不能高效完成任务，慢的过程也是持续前进的过程，小蜗牛虽然爬的速度慢，但是只要通过不断坚持，总有一天能够爬到金字塔的顶端。

爱顶嘴的孩子,父母应该怎样鼓励?

每一个孩子需要鼓励就像植物需要水。

——德雷克斯

你有没有注意到,有的爸爸妈妈或者爷爷奶奶和孩子说完话之后,都会额外增加一句话,那就是"你要听话哦"。有的孩子会点头答应,有的孩子会说一句"我就不听话"。

当孩子内心有自己的想法,没有机会表达出来的时候,遇到父母长辈想要让他做的事情,孩子本能想要抗拒,却不知道如何正确表达,看似顶嘴其实就是孩子语言上的抗议。

所谓的一言九"顶",父母说一句话,孩子有十句话等着你,把父母的话顶回去。

小时候,孩子用的语言是"我就不""我不要""我不愿意",青春期的孩子,除了用语言,有时候还有行动,比如,摔东西、打物品、推搡人。

为什么孩子会出现这样顶嘴的现象呢?以下几个原因也和父母的言行举止是密不可分的。

（1）父母掌控过多的话语权，权威型父母是，你要听我的，按照我说的去做。

（2）孩子没有听清楚，听不懂父母表达的语言。

（3）亲子之间长期的无效沟通，你说你的，我说我的，我不想听就不听。

（4）遇到突发事情的时候，双方的情绪管理都没有做好。

（5）孩子的先天气质比较外向，听到别人的话，不经过大脑思考，就脱口而出，可能说出来的话也不是自己内心想要表达的。

（6）父母在家里给孩子做了不好的语言示范。

当遇到孩子顶嘴的时候，父母内心会生起一股无名之火，本能地想把孩子压下来。这时候，亲子之间的战争就开始了，父母越是想要控制孩子，孩子越是要挣脱，这样的场景，在孩子小的时候，没有反抗的力量，只能默默承受。随着孩子年龄渐渐长大，孩子想要表达自己的想法，若没有正确的机会和渠道表达，就只能通过顶嘴的方式。

在我的个案咨询中，孩子到了青春期，与父母顶嘴的情况尤为严重。有一次，一对来做个案咨询的母子就在我的工作室里因为一句话，两个人相互吵了起来，你一言，我一语，从他们的争吵中，我也获得很多重要的家庭信息。

这也是一个家庭中长期沟通不畅所导致的，父母掌控绝对的话语权，父母与孩子之间的关系是竖向关系、上下级关系，而不是横向关系，可以平等自由地进行探讨和交流。

对于爱顶嘴的孩子，如何进行鼓励式的养育方式来调教呢？

第一，了解孩子的性格。父母一定要了解孩子的性格特点，孩子小时候是先天气质，长大之后就是性格特点，不同的孩子对于语言的反应也是不一样的。观察到孩子性格偏外向的时候，一旦孩子说话口无遮拦，需要在事后和孩子做一个交流，说得不好的地方，下一次可以改善语言表达方式，让孩子在这样的小步前进中学会思考，不断改善，这个过程需要父母与孩子一起多多练习。

第二，倾听孩子。给予孩子表达的机会，允许孩子在安全的环境里，倾听孩子的想法，一般孩子在表达想法之前，会先释放情绪，这些释放的情绪很多时候是生气、烦躁，有时候也会很轻易挑动父母的情绪，无论孩子表达什么样的情绪，父母只管听就可以，无须评判孩子，让孩子说出来就是一种释放。

第三，三不原则。父母带着三不原则来倾听孩子，三不原则指的是：不评判、不建议、不指责。这三不原则，看起来简单，做到也是不容易的。我在家庭教育咨询中把这个方法教给父母，有的妈妈就反馈：老师让我不说话，就倾听，好难啊。很多次都会忍不住想要说话，我就忍得好辛苦。

是的，带着这三不原则去听孩子说话，是不容易的，难也要去做呀，因为父母深爱着孩子们，所以，父母愿意为了孩子去改变自己的行为。

第四，确认需求。孩子的性格不一样，顶嘴的孩子需求也是不一样的，在父母决定出手帮助孩子之前，请先确认一件事情，就是孩子是否需要得到帮助，如果孩子只是想吐槽某件事情，某个人，说说就好了，说出来孩子心情愉快，反而有办法去解决问题。不然可能打击孩子解决问题的能力。父母用认真倾听的方式向孩子做出正确的示范，这才是最好的教育。

第五，提出问题。在孩子与父母顶嘴的时候，父母也不需要一上来就给孩子解决方案，而是通过向孩子提出好奇的问题，如"我很好奇你这样说的原因是什么呢？"引导孩子全面分析这件事情的始末，如正面和反面、好处和不足、如何做和怎么做，等等。父母会发现，问着问着，孩子是可以自己找到解决问题的方法的。

第六，致谢反馈。到这里的时候，孩子的顶嘴事件得到一个完美的解决，父母可以把孩子优秀的一面及时反馈给孩子，让孩子知道自己做得好的地方，同时也可以询问孩子，下一次与父母，或者与其他人意见不一致的时候，可以怎么做呢？

一个孩子只有在不被责备的情况下，才会内省和反思，对于爱顶嘴的孩子，你越批评孩子，孩子越顶嘴，与其告诉孩子不可以做什么，不如让孩子自己去思考如何正确地去做。

高阶鼓励孩子的7种方式：

第一种：**榜样的力量**。每一个孩子都有自己的偶像，让孩子努力向自己的偶像学习，在孩子的人生路上犹如一盏明灯，指导孩子无论顺境还是逆境都能勇敢做自己。

第二种：**识别孩子的独特优势和能力**。孩子的优势和能力是与生俱来的，当父母能够在孩子小的时候，看到并且反馈给孩子这方面的独特优势，帮助孩子塑造健全的人格，自信积极的心态，让孩子全方位发展出自己的能力。

第三种：**持久的支持**。在孩子的成长过程中，来自父母持久的支持可以说是孩子前进的动力，因为有了这份笃定的支持会让孩子心有所属，勇往直前地去做自己想做的事情。无论是成功还是失败，背后都有一股强大的力量支持着孩子，这是孩子内心的源动力。这份长久的支持可能是父母，也可能是师长，也可能是朋友。

第四种：**看到孩子的独一无二**。不轻易把孩子与另外一个孩子去比较，每一个孩子都有着独一无二的价值，每一个孩子都是这个世界上唯一且珍贵的存在。当孩子能够看见自己的独一无二，才能看见他人的独特性。只有这样才能无论何时何地与他人相处交流的时候，才能彼此尊重，彼此珍惜，彼此欣赏。拥有与他人和谐相处的人际交往能力，是每一个孩子必备的社会生存能力。

第五种：在黑暗中给予鼓励。在孩子成长的过程中，总会有一些黑暗的时候，这里的黑暗指的是生活环境的改变，心里低落的时刻，在这样的时候，如果能够得到鼓励，无疑是黑暗中照进了一束光，使处于低落时期的孩子能够培养出在逆境中更多的美好品质。

第六种：支持个人兴趣。孩子们的每一个兴趣爱好都是需要保护和支持的，兴趣是孩子最好的老师。小小的兴趣可以让孩子产生好奇心，想去了解，想去探索，想去学习。

第七种：鼓励明确的学习目标。对于孩子来说，学习是人生中必经的过程，每一个人生阶段不同，学习目标也不相同，与孩子一起开诚布公地讨论每一个学习目标，也是在鼓励孩子在未来时代里的无限可能性，孩子在成长过程中需要有短期目标、中期目标，更加需要有长期的学习目标。

安静的小花猫还是好动的小猴子?

静若处子,动若脱兔,动静相因,动则有静,静则有动。

——《孙子·九地》

当你有了孩子成为父母,你希望自己的孩子是一个安静的小花猫,还是一个好动的小猴子呢?

这里的安静和好动指的是孩子的不同行为,其实,没有好坏,只有不同,关键是爸爸妈妈,有没有发现孩子独特的行为特点。

家里养过小花猫的人都知道,小花猫生性安静,走起路来一条线,轻手轻脚,生怕吵到别人,自己和自己玩耍,即便是有什么需求,也是走到主人的脚边,察言观色主人的情绪,"喵喵"叫两声,往主人身上靠一靠,在主人的怀里小心翼翼地待着,一旦觉察到不安全的信息,迅速跳开,躲到一个安全的地方来自我保护。

安静得像小花猫一样的孩子,在某些方面和小花猫很相似,对于环境和人、事、物的安全需求特别高,到一个陌生的地方,看到陌生人，不会轻易开口说话，而是第一时间与自己的养育者紧紧地黏在一起，有的孩子，还会躲到养育者的身后伸出头，用眼睛打量陌生的人和环境，任凭养育者如何劝告，孩子都不肯出来，有时候场面会非常尴尬，养育者也会因此迁怒孩子，指责孩子胆小鬼、没有礼貌等，孩子面对这样的场景，更加不敢出来，这样的情况一直会持续到这个孩子觉得放松和安全为止。

千万不要小看像安静小花猫一样的孩子，他们的观察力特别敏锐，情绪体验特别丰富，对外界的一举一动，有非常高的警惕性，安安静静不出声，不代表他们内心不知道，其实他们内心什么都知道，只是面对陌生的环境或陌生的人，不敢也不会完全表达自己。

爸爸妈妈每天匆忙的工作，巨大的生活压力，在高需求孩子的面前，就会显得格外不耐烦，不愿意等待，希望孩子快点儿说，快点儿做，在这样的催促之下，这些孩子感受到的都是不和谐的环境和情绪，反而行为反应会越来越慢。长期的心理需求没有得到满足，孩子的内心需求和情绪过度压抑，到孩子青春期的时候容易引起情绪崩溃，而出现各种心理疾病。

我的来访者小X就是这样一个性格安静的像小猫一样的孩子，父母从小到大完全不了解孩子性格中的敏感和高需求，对孩子的养育过度精致，在生活上无微不至的关心和照顾，以为这样就是对孩子最好的爱。

直到孩子青春期的时候，情绪出现极端异常，无法与家人沟通，无法正常上学，全家人一起来到我的工作室做心理咨询的时候，通过家庭测评，才发现孩子心理状态已经出现严重的问题。孩子内心也有着十几年对父母的不满，却无力反抗，一直默默地隐忍，强大的负面情绪压得孩子毫无回击之力，觉得都是自己的错，都是自己不好，对自己失去希望，对父母失去希望，对学习，对生活失去了希望。

这也是为什么现在青春期孩子心理疾病高发的原因之一。他们的心理脆弱得像一株含羞草，而父母的教养方式却是不断打击，打压孩子的心理，让孩子的身心无法健康地成长，心理留下巨大的创伤，这些创伤虽然通过心理咨询得到好转，但是对于孩子来说，这段不舒服的人生体验，或多或少会对以后的生活有一定的影响。

说到好动的小猴子，第一个跳到你脑海里的是哪个电视剧场景里的人物呢？是孙悟空吧，的确孙悟空的能力上得天庭，下入凡尘，在西天取经的路上，也是降妖除魔的责任担当。因为活泼好动，嘴快、手快、脚快、反应快，别人跟不上他的节奏，引起很多的误会。

这个经典形象也一直是在家庭教育中担当着重要的比喻作用，把好动孩子比喻成顽劣的猴子。

如果孩子过分调皮捣蛋，养育者就会说"你是孙悟空吗？

找个唐僧来收拾你"。在日常生活中,这样的孩子各种调皮,在高铁上,踢前排的座位;在超市里,各种搞怪;在家里翻腾,甚至,在课堂上各种捣蛋。

经常看到奶奶一边喊,一边追着孩子,"不要跑,不要跑",奶奶越是这样说,孩子越是跑得有劲,奶奶眼看着追也追不上,气喘吁吁在后面开骂了,等你妈妈回家告诉她,让她收拾你。

性格外向的孩子也分两种:一种是一般外向,这类一般外向的孩子,开朗活泼,喜欢和人互动,热情,乐观,情绪来得快,走得也快,可以说是大家的开心果,深受大家的喜欢。

另一种是超级外向,比一般外向的孩子行为更加外向,除了拥有一般外向孩子的特点,行为更加夸张,基本上与孙悟空的行为很相似,情绪来得激烈,坚持度非常高,不达到目的不罢休的状态。

这类超级外向的孩子是让养育者最头疼、最无助的,开始的时候,养育者会和孩子拉锯,随着孩子的坚持,养育者的情绪开始稳不住的时候,就会慢慢向孩子的需求倾斜,有了第一次的倾斜,孩子就发现通过这样激烈的方式得到自己想要的,从此以后,一发不可收拾,这孩子次次都要得到,从小时候的小玩具,到青春期的高档电子产品,不给就继续这种激烈的行为模式,等父母发现这样的方式不对,不可以的时候,孩子已经到了青春期,几乎天天和父母发生着各种冲突。

我的来访者小W就是一个超级外向性格的孩子,父母因为孩子玩手机,亲子沟通紧张,孩子要买高档的电子产品,花钱毫无规划和节制。

每一个没有规则意识孩子的背后,一定站着一个或者几个没有规则意识的养育者,小时候孩子的好动,会被家长看成可爱,但是如果没有规则感长大之后,就会变得内心只有自己,谁都不可以拒绝自己。

当养育者遇到一个超级外向的孩子的时候,需要和善与坚定并存的方法,养育这样的孩子,既对孩子表达关心和爱,也是有规则同在的,把孩子的行为和孩子本身区分开来。

当我遇到这样的孩子的时候,我坚持说的一句话是:我喜欢开朗活泼的你,更加欣赏安静沉稳的你。每一次超级外向的孩子听了之后,都会静静地回味这句话蕴含的力量。

外向的孩子也是有安静的时候,安静的孩子也是有外向活泼的部分,无论是养育安静的像猫一样的孩子,还是养育好动的像猴子一样的孩子,父母与养育者首先要做到:先了解自己孩子的先天气质,只有正确了解才能因材施教。

其次要做到接纳。无论孩子是安静的,还是好动的,没有好坏,只有不同,这里面有一部分是来自遗传基因,可能是爸爸,可能是妈妈,也可能是隔代遗传,这不是孩子的问题,接纳孩子最本真、最真实的性格状态。

最后是调教。达尔文曾说：环境比物种更重要。后天的环境对于孩子的成长才是至关重要的，父母与养育者利用生活中的场景，帮助安静的孩子挖出活泼的一面，循序渐进，鼓励孩子多多表达，参与更多的人际互动。

父母与养育者帮助好动的孩子，开展一些静态的活动，如冥想练习、专注力练习、阅读看书、参与共同讨论，鼓励孩子多多深度思考，让孩子既有广度又有深度。

1个测评，了解孩子的性格

个性的造就由婴孩时代开始，一直继续到老死。

——罗斯福

测评是以现代心理学和行为科学为基础，通过心理测验、面试、情景模拟等科学方法对人的价值观、性格特征以及发展潜力等的心理特征进行客观的测量与科学评价。

每个人都有自己的主观，看待事物，看待人，这个主观或许自己都不自知，这也是潜意识里的强烈个人信念，而这些强烈的信念在亲子关系中，影响着父母会用什么样的语言、什么样的教育方法、什么样的行为来培养自己的孩子。

孩子出生之后，每个孩子都有独一无二的天生气质，这份独特的先天气质第一来自遗传，第二来自环境，第三与父母和主要养育者的教育方式息息相关。

孩子的先天气质也就是长大后成年人的性格特点，先天气质在孩子越小的时候，就越容易调教，把气质中好的部分留下，不好的部分父母用智慧的方法进行调整，生活中的每一个场景就是最好的教育孩子的机会。

使用科学的测评，是很早就有的一种方法，父母通过做测评来了解孩子的性格特点，一是检查父母对于自己孩子的了解程度；二是检查父母对自己孩子这个年龄段的身体和心理的发展是否有全面的认知；三是在父母对孩子性格做测评的各种题目里，发现自己做到的和没有做到的部分，可以立即进行调整。

在我的大量家庭教育个案咨询中，有很多家庭教育冲突的根源就是父母对孩子的性格，用自己的主观去评判，而不是用科学的方法去深刻了解孩子。随着孩子的成长，到了青春期与孩子发生激烈的矛盾冲突，到了无法调和的地步，来做家庭教育咨询。而事实上，如果每一对父母早早了解自己孩子的性格特点，就可以因材施教养育自己的孩子。

父母可以通过很多方式收获教育技能，可是对孩子最基本的性格特点都不了解，只是一味地用一些教育手段去搞定孩子，也许当下几天是有用的，可是过段时间，不同的问题又会出现，父母又陷入了焦虑、无助、不知所措的情绪里，负面的情绪又会激发负面的行为，可能会责怪孩子，可能会责怪自己，并没有真正解决根源的问题，反而更多的是压抑了孩子的天性。

有一个安静的孩子和父母一起来我工作室做测评，看上去，那个孩子非常内向，父母也说，我们很内向，孩子也特别内向，我们希望孩子能够更加外向一点。

但是，当我看到孩子的测评报告的时候，孩子的先天气质不是内向，而是一个外向的孩子，长期在父母这样的暗示下，这个孩子处处压抑自己的情绪和想法，就真的越来越安静内向。孩子很想说话表达，但是没有倾诉表达的对象，说出来的奇思妙想处处被爸爸打击和批评。

所以，当每一个人带着自己的主观意识去看自己，看孩子，看他人的时候，看到的只是你想看到的，你心里认同的那部分，而这些并不是全部的信息内容，只是一个片面而已。

通过科学的方法，把孩子的性格用无形事物有形化展现出来，让父母早早看见孩子的先天气质，接纳孩子的先天气质，用适应孩子的方法因材施教去养育孩子，让教育提前规划，而不是事后后悔，真正做到轻松父母，快乐养育，家庭和谐。

天生气质九大向度测试（儿童版）

天生气质趋近性小测试：

（1）面对陌生人时，能够大方地打招呼和谈话；

（2）对于新鲜的事情，充满好奇心，会勇敢地尝试；

（3）到陌生环境，很快融入，并且能与人自在互动，能主动和其他小朋友一起玩；

（4）每次接触新的食物或玩具时，都会表现出想要试试看的好奇心。

从不如此：1分

偶尔如此：2分

经常如此：3分

总是如此：4分

总分：10~12分　偏向主动好奇。

13~16分　相当主动好奇。

儿童天生气质趋避性小测试：

（1）见到陌生人时，常常害羞得不知道该怎么办；

（2）进入新环境时，需要熟悉一段时间，才能轻松融入；

（3）面对从未尝试过的事物或是活动时，第一反应常是拒绝或逃避；

（4）不太敢尝试新的活动，要看别人做过才敢做，显得比较胆小、怯懦。

从不如此：1分

偶尔如此：2分

经常如此：3分

总是如此：4分

以上是一小部分儿童天生气质的评量内容，父母可以做初步了解，如果想要全部儿童天生气质评量的内容，可以进一步咨询作者。

第三章

你了解孩子的身体协调力吗？
——统整孩子的视听功能

顺产和剖腹产的孩子，到底有什么不同？

人生如同故事，重要的并不在有多长，而是在于有多好。

——培根

一个孩子以何种出生方式来到人世间，其实从一出生开始，孩子们身体和心理就会各有不同了。

在我接待的个案咨询中，在做前期问题收集的时候，我一定会问到父母关于孩子的一个重要问题，那就是孩子的出生方式，每次问到父母这个问题的时候，父母们都会很惊讶地说，孩子的出生方式和做咨询有什么关系吗？出生方式不同对孩子有什么影响吗？

是的，当然有不同，而且对孩子的身体发展和孩子的心理发展方面，都会有非常重要的不同哦。

孩子离开母体来到人世间有两种方式，一种是顺产，另一种是剖腹产。

第一，出生环境的不同

顺产的孩子在母体中犹如瓜熟蒂落，足月分娩来到了人间，是一种自然生产现象。顺产宝宝通过产道挤压分娩出体外，和妈妈一起经过阵痛和挤压出生的孩子，对外界环境具有一定的适应过程。顺产的孩子身体也已经为自己的出生做好了出生的基本准备，身体做好基本准备度让这个小小的人儿和妈妈一起经历了人生的第一次努力和突破，也为孩子以后的身体发展打下了良好的基石。

当然，出生之后主要照顾者的喂养方式也对孩子的身体发展有着更加重要的影响。

剖腹产的孩子，在母体内的生长过程也是健康平顺的，可是在出生的时候却出现各种情况，比如，母亲身体的原因，孩子发育的原因等，需要外界的帮助才能顺利出生。想一想那个在母体里的宝宝，习惯了母体的环境和味道，也许还在睡梦中，也许孩子竖着耳朵听着外面的细微的声音，在黑漆漆的环境里，安静地躺着。

忽然一道强光的摄入，刺的睁不开眼睛，一双陌生的手就这样把宝宝从妈妈的子宫里拿了出来，孩子还没有反应过来，还没来得及准备好，就以这样的方式出生了。从一个熟悉的环境到了一个陌生环境，听到有很多人在说话，嘈杂的器械声，出生之后的各种处理，还没来得及被妈妈拥抱，又被送出了产房，交到另外一个人的手中，面对陌生的爷爷奶奶，外公外婆，还有陌生的病房。

无论孩子以哪一种方式出生,都与自己的妈妈进行了第一次勇敢的合作,妈妈第一时间见到孩子,都可以轻声细语用语言对孩子表示一下感谢,用美好的语言表达你想对孩子说的话,谢谢孩子的到来,谢谢孩子的勇敢。不要以为孩子听不懂哦,孩子是可以听得懂的。

第二,安全感感受的不同

顺产的孩子出生之后,第一时间放在妈妈的怀里,听到妈妈熟悉的心跳,听着妈妈熟悉的声音,被妈妈抱在温暖的怀里,吮吸着妈妈的乳汁,这一切都让这个刚出生的孩子立刻能够感受到来自妈妈满满的安全感。

剖腹产的孩子,在产房让妈妈看一会之后,会比妈妈早一点出产房,看到的是产房外面的爸爸、奶奶爷爷,或者是外公外婆,有的孩子还会送入保温箱,保温箱虽然是温暖的,但却是陌生的,娇嫩的肠胃还没有准备好就开始喝奶粉,对于新生儿来说,安全感的体验是紧张、恐惧的,有的孩子可能会因为这份不安全感而大声哭泣,直到精疲力竭,被迫接受一切,却没有第一时间和人建立连接。

所以,很多安全感缺失的孩子是和剖腹产出生方式相关的,但是不代表所有剖腹产的孩子都会安全感不足。

无论是顺产还是剖腹产的孩子,妈妈都要在第一时间,在

0~3岁与孩子建立重要的安全感，后天也可以给安全感不足的孩子做一些安全感的修复。妈妈具有稳定的情绪，柔声细语的语调，用孩子喜欢的方式跟孩子相处，比如，微笑、拥抱、安全屋、被子包裹起来，出门允许孩子带熟悉的物品等。营造有安全感的家庭环境，允许孩子暂时安全感不足的状态，更多高质量的亲子陪伴。

第三，适应能力的不同

在这一系列的环境变化之后，孩子的适应能力也是各不相同的，顺产的孩子相对来说，适应能力比剖腹产的孩子要强一些，在以后的养育中更加容易建立良性的亲子关系。

剖腹产的孩子在自己没有准备好的情况下，被动经历着一系列的变化，内心会害怕、紧张、不知所措，根据每一个孩子适应能力的不同，所表现出来的能力也各不相同。适应能力弱的孩子会让养育者更为费心，建立良好的亲子关系面对的困难更多。

无论是顺产还是剖腹产的孩子适应环境的能力都是需要在后天养育中，由父母及主要养育者带着孩子多去一些陌生的环境，与陌生的人互动交流，提前告知孩子，让孩子有个心里准备，即便刚去陌生的地方出现哭闹的现象，主要照顾者也要和颜悦色地对待孩子，不可指责评判孩子，否则孩子更加不愿意去陌生的环境。

第四，成长过程中呵护程度不同

在后天养育中，父母及主要养育者呵护程度会有所不同，顺产的孩子相对比较容易喂养，如果身体各部分的发育是比较成熟的，自然发展会比较顺利，身体比较健康的话，就是那种比较好带养的孩子。

而剖腹产的孩子，由于有的孩子出生的时候就比较遭罪，养育者会因为心疼，在后天养育的时候细心呵护，甚至会事无巨细，无微不至地照顾这个孩子的饮食起居，有的主要养育者甚至会用过度补偿的方式养育这个孩子，而错失了这个孩子6岁前身体发育的关键期。这样精细地养育孩子，也为以后的家庭教育难题留下了隐患。当然，也有部分顺产的孩子，养育者也是精心喂养长大的。

在我的一个个案咨询中，有个孩子因为从小身体虚弱，妈妈全职在家里带孩子，孩子上幼儿园的时候，妈妈会陪伴上半天幼儿园，一旦有点咳嗽、感冒就不上学，全天都待在家里。妈妈觉得只有这样才能尽心尽力地照顾自己的孩子，孩子太小了，需要得到全方位的照顾。而孩子也就失去了，和小朋友一起玩耍的机会，和小朋友一起发展人际互动的机会，失去了适应各种情景，解决各种问题的机会。

到了青春期的时候，孩子在学校与老师、同学的人际互动，情绪容易暴躁，学习没有动力，一度休学在家，经过咨询，孩子情绪管理能力、解决问题的能力、多元化思维的能力、自发学习的内动力都得到了大幅的提升，慢慢就回归了校园生活。

无论是顺产还是剖腹产的孩子，在后天养育的时候，父母及主要照顾者首先要调整好自己的情绪，无须过多地内疚和担忧，对于孩子来说过多的担忧、害怕就如同是孩子健康成长的一种阻碍，其背后也是父母及养育者对孩子深深的不信任，以满足自己被需要的心理需求。

在孩子的成长道路上，无论是哪一种出生方式，给孩子营造安全的环境，尽可能地允许孩子去探索自己和他人，探索这个奇妙而有趣的世界。父母从小就要与孩子在情感上建立联系，在思想上引导孩子，在行动上处处做出正确的示范。

| 贵人语迟，事实真是这样的吗？

语言是儿童智能发展的"加速器"，语言发展将会给孩子带来智力潜能的全面发展。

——霍华德·加德纳

现在有一个非常让人惊讶的现象，很多学龄前的孩子语言发展迟缓，孩子的发音不清晰，不爱说话，不会说话，不愿意说话，甚至不敢说话，这时候，家里的老人们会用贵人语迟来安慰自己和父母，等孩子大了就好了，早晚总是会说话的。贵人语迟，孩子真的是这样吗？

这时候，孩子在语言发展方面已经落后于同龄段的孩子了。

有一天早上，我在早餐店遇到一位外公带着两周岁左右的孩子，孩子非常好奇地打量着我。

我笑着问：小宝贝今年多大了呀？

外公说：两周岁了，什么都好就是不肯说话，心里什么都懂，就是不开口说话啊，我们带孩子到大医院都检查过了，医生说孩子一切都正常，但是孩子就是不肯说话。

此刻小孩子用手指着桌上的鸡蛋想要吃，外公说：你说呀，你说我就给你拿鸡蛋，但是任凭外公怎么说，孩子嘴巴里只肯发出一些声音，没有字和词语。

孩子语言发展一共有四大关键期：

第一发育期（1~1.5岁）回音期

第二发育期(1.5~2岁）称呼期

第三发育期（2~2.5岁）用代词，你，我，他

第三发育期（2.5~3岁）好问期

完备期（3~6岁）使用多词句

3岁是孩子从幼儿过渡到成人语的关键期，孩子除了会说话，还要有理解能力，如果出现语言发展晚于上述情况，就要找心理医生做一些心理检查，尽早进行语言方面的训练。

儿童每天使用的词汇86%~98%与父母是一致的，父母说的每一句话，渐渐变成了孩子未来的模样。

儿童出生后每分每秒能够产生700~1000条神经连接，父母的语言是刺激孩子大脑发育最好的教育资源，3000万的词汇差距极大影响儿童在数学概念、读写能力、自我管理、执行力、批判性思维、创造力和毅力方面的表现。

一个孩子要能够发出声音，首先大脑里听到足够多的词汇量，大量的词汇积累，重复收听，模仿学习，才能够说出那个字和词语。

孩子口腔里的舌头、口腔的肌肉力量、嘴唇的力量、沉稳的气息共同作用下，孩子才能发出清晰有力的语言，而这一个过程是一个不断重复、不断练习、不断学习的过程。

让孩子自己吃饭，自己咀嚼各种新鲜食物和水果也是锻炼孩子口部力量的一种方法。

父母可以帮助孩子做一些口部操，口部操的作用是锻炼孩子口腔内肌肉的刺激，使口腔内的舌头、牙齿和嘴唇能够相互配合，更好地发出字正腔圆的普通话。

这里有五节口部操可以让孩子练习。

第一节：嘴唇操

上嘴唇和下嘴唇快速合并分开，发出一个"叭"的声音，为了增加趣味性，还有一个绕口令《大母鸡，小母鸡》用"叭"替代文字：

大"叭"鸡，小"叭"鸡，

"叭"鸡"叭"鸡，老"叭"鸡。

第二节：弹舌操

把嘴巴闭上，口腔里的舌头用力抵住左边的脸庞，再用力抵住右边的脸庞，左右交替。

第三节：绕舌操

把嘴巴闭上，口腔里的舌头用力在牙齿的周围进行绕，顺着左边方向绕五圈，顺着右边方向绕五圈。

第四节：撅嘴操

打开口腔才能发出清晰有力的声音，嘴唇先撅起来，再咧开嘴巴，像似一个微笑的表情，一咧一开，重复这个动作五次。

第五节：深呼吸

腹部气息练习，先用鼻子深深地吸气，屏住呼吸三秒，再慢慢用嘴巴吐出，越慢越好，深鼻子呼慢嘴巴出，气息有力而平稳。

现在父母的工作都比较忙，隔代养育中，长辈照看小婴儿的时候，日常生活料理可以说是无微不至，吃的喝的穿的，应有尽有，但是和孩子的语言交流和互动，这两个最重要的环节却往往被忽略了。

还有很多家庭里的隔代养育，老人们来自各个区域，有些老人家的乡音就特别重，有一次，一个孩子因为说话不清楚来工作室咨询我，孩子说话的时候感觉舌头短了一截，和孩子一起来的是孩子的外婆，和外婆交流的时候，外婆使用的家乡话，她的家乡话说得又快又不清晰，很多词语我都听不懂。我问外婆：孩子的妈妈呢？外婆说：他们都在忙工作，女儿很多天才能回来一次，女婿是快递工作，很辛苦很忙，孩子从一出生就是我照顾着。从外婆的话语中不难看出，孩子每日听到的都是家乡话，孩子的语言表达习惯成自然，等上了小学才发现，为时已晚，需要花更多时间和精力做大量的语言训练才可以矫正过来。

婴幼儿语言能力的培养和训练要从小开始，从视觉、听觉开始抓起。

孩子的学习能力，就像海绵吸收水一样。经常观察吸收来自周围人的语言、表情、动作，孩子大脑里的突触神经也是需要大量语言刺激的，3岁之前，父母以及主要养育者与孩子说的话越多，越能最大限度地激发大脑里的突触神经，突触神经就越发达，如同树根一样，密密麻麻，四通八达。

孩子的大脑越用越灵活，一个从小看电视的孩子的大脑发育和一个从小看书的孩子的大脑发育完全是不一样的。久久不能被激活的大脑连接，就像没有花的花园一样杂草丛生，这些大脑连接长久不使用会丧失部分功能。

在日常生活中每一个孩子与主要养育者有着最深的连接，两个人在一起，一说一听，一问一答，都是一种爱的流动，小龄段的孩子就是躺着也是可以通过观察主要养育者的面部表情，来做出相应的行动反应的。

父母通过亲子阅读给孩子讲妙趣横生的绘本故事、寓言故事、神话故事、童话故事，把故事中的文字和词汇读给孩子听，给孩子讲解，让孩子在听的过程中增加词汇量，让孩子听完故事，表演、复述或回答问题，或重新编排故事的结尾，父母纠正孩子的发音和语调，让孩子经常这样练习，有助于提高孩子的语言表达能力。

我在给小龄段孩子做咨询的时候，会反复做一件事情就是询问孩子的情绪，在我的工作室墙上有情绪词语图表，桌上有很多情绪词汇，每一次孩子通过词汇图表都能准确找到属于自己的情绪词语，观察到他人的情绪词语。哪怕是不识字的孩子也能精准地找到父母及主要养育者脸上经常使用的表情。

有个幼儿园女孩叫心心，她走进工作室第一个吸引她的就是墙上挂的情绪词语图表，我挨个询问妈妈、爸爸、爷爷、奶奶经常使用的情绪，说到奶奶的时候，心心看着图像指着"担忧"，心心妈妈说，是的，奶奶每天都是这样的表情。

父母在这个语言训练过程中也要注意几个方面：

（1）在日常生活中不断重复，多次讲述大量的词汇。和孩子在一起，父母正在做的事情，都可以和孩子详细讲述。

（2）多问一些孩子开放性的问题，不是简单地问孩子，是或者不是，对或者不对，好或者不好，比如带着孩子玩积木，问："你还可以怎么搭积木呢？"或者"这个你是怎么做到的呀？"让孩子多思考，再来回答你的问题，让孩子多说一点，再多说一点。

（3）词语接龙游戏，孩子说出了一些比较简短的语句，父母可以把这些语句进行接龙和扩展，让孩子的大脑留下词汇的痕迹。可以练习日常生活中看到的、听到的、想象到的。有一段时间，我和孩子们玩了一个国家地名接龙的游戏。

（4）多多鼓励，孩子喜欢听到父母给予正面的反馈，孩子不管说得怎么样，都要找到可以鼓励孩子的细节，比如，宝贝，你刚才说的吃饭，这两个字的发音特别准确，声音特别响亮；宝贝，你刚才古诗里的每一个字都读得字正腔圆。

（5）父母在和孩子做语言训练的时候，多一些爱心和耐心，越是孩子困难的时候，越是需要父母的支持和帮助。

（6）坚持下去，坚持的力量是无穷的。每天和孩子制定一个小训练目标，完成即可，一天、一周、一个月、一年，日积月累，孩子就在点滴中有巨大的进步。通过后天的训练可以提升孩子语言表达的技能，在合适的机会里，让孩子在公众场合练练胆，说说话，发发言。

"风吹草动"还是"风吹不动"?

天才,首先是注意力。

——乔治·居维叶

有一位妈妈来找我的时候,就提出了一个要求,希望他的孩子能够安静地待着就好,其他的学不学都不重要。因为她的孩子好动,已经让妈妈苦不堪言了,不仅在家里动个不停,在幼儿园小班和中班,还有在兴趣班里,老师的反馈就是注意力不集中,各种小动作,身体、嘴巴动个不停,最严重的时候,影响了其他老师和孩子正常上课。上课说话,要么是自言自语,要么就是插老师的话,在家里插父母长辈的话,一点儿时间都等不了,除了说话,有时候还会直接用手去干扰他人,只要外面有一点儿动静,孩子就被吸引过来,立刻有行为上的反应,这样的孩子就属于"风吹草动"的孩子。

为此,老师和父母头疼得很,打也打了,骂也骂了,好言相劝,可是一点儿用也没有。妈妈对这个孩子也已经失去了耐心,失去了信心。可是,自己的孩子,总不能眼睁睁地放弃了,于是，经别的家长介绍，听说我会用因材施教调教不同孩子，抱着试试看的心理就来到我的工作室。

孩子"风吹草动"说明孩子的专注力不集中，好动，偶尔有攻击行为，无法在一定的时间里专注完成一件事情。一件事情还没有完成，又去做另外一件事情，最后导致两件事情，一件也没有完成。一个孩子专注力不集中就做不到自律，而孩子自律行为第一个就是能够管住自己的身体。

和"风吹草动"的孩子相反的就是一种"风吹不动"的孩子。

这类孩子无论外面发生什么样的事情，他们都能够纹丝不动地沉浸在自己的世界里，总是板着脸，一点儿笑容也没有，让人感觉是拒人千里之外，仿佛这个世界上就没有什么东西能够惊扰到他，无论何时何地，总是那么安安静静，即便是内心已经翻江倒海，表面看起来也是一片祥和。

有个孩子从小一直非常爱读绘本，只要一进绘本馆，孩子可以自己在里面待一天，吃饭时也看书，放学了回家第一件事就是去找书看，现在上小学高年级，回家一定先看一小时的书，再去写作业，每天作业都要写到11点，妈妈也是苦恼之极，和孩子沟通要求先完成作业再看书，孩子根本就不听，为此亲子关系一度非常紧张，我笑着对妈妈说：你这是甜蜜的烦恼吗？

专注力不集中分为5个阶段：

（1）婴幼儿时期：常常不能安宁，容易被激怒，行为变化不规律，过分哭闹，喊叫，饮食差，培养规律排便和睡眠比较困难。

（2）学龄前期：注意力保持的时间较短，不能安静地坐着，爱发脾气，入睡困难，有时有攻击性行为。

（3）学龄期：注意力保持的时间短暂，对受挫折的耐性差，对刺激反应较强，伴随着学习困难，难以完成作业，与同学相处困难，容易冲动。

（4）青少年期：接受教育能力迟钝，缺乏学习动力，办事有头无尾，冲动，对刺激性反应过强，情绪波动大。

（5）成年期：注意力容易转移，情感爆发，冲动，与同伴关系难以持久，不参加集体活动，工作不能胜任，经常与人发生冲突和争执。

专注力不够在青春期孩子的身上出现的情况特别多，惜字如金，说话也是非常简洁，对于一些事情特别执着，有时甚至是固执，坚持自己的想法和做法，不撞南墙不回头。

无论是"风吹草动"的孩子，还是"风吹不动"的孩子，这里有个关键的部分就是专注力，专注力对于孩子的学习能力是非常重要的，不同年龄段的孩子专注力也是不一样的。大多数家长反馈孩子专注力的问题发生在幼儿园、小学低龄段。

联合国教科文组织认定，儿童的注意力水平是导致学习差异的主要原因。在国家统计局统计的数据中，2009年全国小学招收新生1695.72万人，75%的儿童存在专注力不足的现象；小学老师认为94%的儿童专注力需要重点培养。

孩子的年龄段不同，专注力的时间也是不一样的。

学校里的每一节课都是45分钟，无论是高年级还是低年级的孩子都需要端正坐姿坐在教室里，相对而言，高年级的孩子就可以顺利完成，低年级的孩子有的就比较困难，就会出现坐不住、走神、开小差的情况。

同样老师上一节课，每一个孩子接受的知识量却各不相同，一个孩子是否能够专注听老师讲课，听懂老师的课堂内容，就会影响到孩子的学习质量，影响到孩子回家是否能快速完成老师布置的课后作业。

专注力不集中有五大因素：

（1）遗传因素：孩子专注力不集中和遗传因素有很大的关系，这是因为遗传因素导致大脑结构出现不平衡的问题，如果能为孩子提供良好的生活环境和教育条件，一般这种情况是可以得到改善的。

（2）身体因素：导致孩子专注力不集中的原因是多方面的，身体原因就是其中之一。孩子的身体发育与每日的饮食和睡眠有着密不可分的关联，一日三餐提供身体所需要的营养，每晚充足的睡眠让身体得到修复和补充。

孩子每天要完成大量的学习和作业，他们的大脑还没有发育成熟，需要适量休息。一日三餐营养均衡，高质量的睡眠，可以让孩子的大脑和身体得到充分的放松和发育。

（3）性格因素：如果孩子性格特质偏内向就是属于坚持度高、注意力比较高，相应的专注力也会比较高。如果孩子性格特质偏外向就是属于坚持度低、注意力比较低，相应的专注力也会比较低。

（4）心理因素：面对孩子的专注力不集中，有的父母会对孩子进行一些语言暴力，或者一些攻击性行为，这会让孩子更加无法集中专注力，而孩子越是注意力不集中，就越容易引起父母和老师的注意，父母和老师的责怪和批评，让孩子心里产生负面情绪和想法，孩子每一天都活在恐惧、沮丧、无助的情绪中，继而会出现专注力不集中的行为，专注力不能集中，孩子就会听不懂老师讲的内容，又不敢去问老师，回家做作业，就会出现拖拉、磨蹭，久而久之，就会形成一种恶性循环。一个学年下来，老师教的知识点越深越不会，父母又是训斥，又是批评，孩子对学习也就没有兴趣。

（5）家庭教育：有的父母会在人前人后，当着孩子的面反复说教，强调孩子的专注力不集中，希望借此提醒孩子能够专注一些，结果就会导致孩子的专注力越来越不集中，最后彻底影响孩子的学习动力，孩子对于学习就彻底失去了兴趣。

这些年青少年学习困难的咨询量大幅度上升，很多父母来找我做咨询的时候，目标很清晰，希望孩子能够专注学习。详细咨询之后，无一例外地发现，每一个孩子专注力不集中的背后，都有一个不了解孩子专注力的父母，每一个孩子学习困难的背后，都有一个孜孜不倦否认孩子的父母。追根溯源都可以挖掘到孩子专注力不集中的4个时期，有的父母自己小时候也是一个专注力不集中的孩子，父母对待自己就是简单粗暴地打骂、羞辱、体罚。等他们做了父母之后也是用父母的一套教育方式对待自己的孩子，完全忘记了自己小时候承受的痛苦。

一个孩子只有在不被责备的情况下，才会发展出自我内省的能力。犯错误不可怕，可怕的是错失了在错误中成长的机会。当孩子专注力不集中的时候，父母给予孩子充分的理解和接纳，根据孩子不同的年龄段用一些训练的方法，父母和孩子一起花时间去刻意练习，帮助孩子度过这段特别的时光。

以下提供几个专注力训练的方法，首先强调的是亲子关系的重要性，父母和孩子之间的关系是第一位的。

（1）亲子阅读，每周和孩子有固定的高质量的阅读陪伴。

（2）静心冥想，父母和孩子一起做冥想的练习。

（3）舒尔特方格练习：一秒一格，孩子练习，父母计时，多次练习，做好记录，及时反馈。

（4）一次性从1写到100，中间不间隔，不涂改，不停止。

（5）亲子运动，比如跳绳、跑步等。

一点就爆炸的小火山和一言不发的闷葫芦

一个人如果能够控制自己的激情、欲望和恐惧，那他就胜过国王。

——约翰·米尔顿

成成是一个小学生，平时对人都是温文尔雅，特别招人喜欢，妈妈却说，成成发起脾气的时候就像一座小火山，而且经常发脾气，很小的一件事情，他就会莫名其妙地大发脾气。还有一点奇怪的就是，他的脾气来得快，去得也快，对此，爸爸妈妈、爷爷奶奶、外公外婆特别摸不着头脑，也不知道该怎么办，更不知道如何开导和引导孩子。

我问妈妈：平时孩子都是谁带的呀？

妈妈说：小时候我带着，自从我上班之后，爷爷奶奶、外公外婆就会帮忙轮流带孩子。

我问妈妈：两边长辈带孩子的时候，脾气怎么样呀？

妈妈说：您这么一问，我仔细回想，我妈妈和我婆婆其实脾气都不太好，老一辈的人都是有点说一不二的性格，虽然两位老人家没有什么不合，但是对于孩子有时候比较溺爱，有时候又特别严格。和孩子在一起的时候，长辈和孩子都想坚持自己的想法，老人家也会用发脾气的方法来解决问题的，孩子小的时候无力反抗，孩子长大了，现在也会用发脾气的方式来回击长辈，用发脾气的方式来解决问题。

我说：是啊，长辈养育孩子，一方面对孩子是无尽的宠爱，一方面又想严格管教孩子，这两个度平衡不好，特别是长辈在情绪管理上，没有稳定的情绪，就无法做到言传身教，那么孩子也会学长辈的情绪表达模式，与周围人进行互动。

所以，一点就爆炸的小火山，有时候不是孩子的错哦，孩子是家庭的产物，孩子的行为就是家庭成员的一面镜子，孩子的情绪反应也是家庭成员对待他的方式。孩子不仅继承了来自父母长辈的身体基因，也会复制父母长辈的情绪反应。

像成成这样一点就爆炸的小火山，一有情绪反应就激烈，内心希望被他人认同和支持，这类孩子大多属于情感型的特点，什么是情感型特点的孩子呢？

情感型特点的孩子特别需要与他人人际互动，对于他人的关注和互动需求特别高，如果没有得到满足，就会立刻表现出情绪的爆发，情绪来得快，去得也快。这类孩子的人际交往能力特别强，和谁都能聊得来，也主动与他人去交流，希望别人也热情、积极地回应自己。亲子之间最高品质的互动，就是立即回应，而不是立即满足。

与情感型特点孩子相处的小锦囊： 允许孩子有情绪，在安全范围内让孩子去释放情绪，父母陪伴在一边，等到孩子情绪稳定之后，和孩子做一个复盘，通过启发式的方式让孩子认识到哪些行为是做得对的，哪些行为是不可以的。有什么需求可以用语言来表达，哭是不能解决问题的。拥抱孩子，倾听孩子的心声，告诉孩子只要她需要，父母都在她的身边，无论怎样都爱孩子。

和一点就爆炸的小火山相反的就是一言不发的闷葫芦，顾名思义，一言不发就是不说一句话，表面上看起来是不说话，但是，不说话不代表没有情绪，不说话不代表没有想法，不说话不代表没有行动。

如同平静的水面一样，表面看起来是平静的水面，但是水底下可能是暗流涌动，有的孩子一开始就习惯凡事忍受，一忍再忍，到达一定的限度，无法再忍，要么不生气、不发火，一旦生气发起火来，情况和后果就会很严重。

有一天，晓晓妈妈带着幼儿园中班的晓晓来找我，她说：老师，我们家的女儿不知道怎么了，平时非常温和，但是，如果有的事情不顺着她的意思，她发起脾气来就特别厉害。

晓晓看起来特别安静，不怎么讲话，面对陌生的我，她用一双灵动的眼睛观察着,我友好地问她:你好,我是慕雪老师,你叫什么名字呀?

晓晓还是那样安静地看着我,不说一句话,妈妈在旁边开始着急了,说:她在家里很会说的,你快回答老师的问题呀?

我说:没关系的,晓晓第一次看见慕雪老师,不熟悉,需要一点儿时间来了解慕雪老师,等你准备好了,再回答我,好吗?

你的一言一行,你的情绪反应,你是否真诚可信,孩子会观察你,考验你,你说的和做的是否一致。

此刻,晓晓依然用灵动的眼睛看着我,但是她听到我的话之后,点了点头,所以,我知道我说的话她听懂了。

她是观察型和理智型的孩子,平时情绪感受不轻易表达,会通过眼睛的观察、大脑的分析做出自己的思考和判断,然后做出行动。

当然,这样的孩子坚持度也很高,就像妈妈说的那样,遇到事情,希望按照自己的意愿来执行。

有一次课堂结束的时候,晓晓主动把四把椅子归类整理,就在她要拿起第三把椅子的时候,另外一个小朋友也来整理收拾,两个孩子就开始争夺这一把椅子,另外一个孩子收拾完,就离开了教室,而晓晓陷入了情绪之中,非常生气地叉腰站在教室中间,偶尔还踮起了脚,就是一言不发,虽然没有说一句话,但是内心里的情绪异常汹涌。

妈妈看到这个情景,很想帮助孩子从情绪中脱离出来,但是,妈妈撞到了枪口上,晓晓对着妈妈就是一阵猛烈的抽打,妈妈也没有任何反应,任凭孩子这样打自己的胳膊。

遇到这样的情景,遇到这样的孩子,首先要了解自己孩子的性格特点,耐心和等待就显得尤为重要,同时,相信孩子有情绪复原的能力。

一点就爆炸的小火山和一言不发的闷葫芦有一个共同点都是用行动表现内心情绪的激动,而与之相反的是理智型特点的孩子。

理智型的孩子看起来特别稳定,他们善于观察周围的人事物,在学习上善于观察,善于模仿,学习能力很强。脸上表情一般都是比较严肃,但是看到自己喜欢的人,会表现出开心和微笑,更多的时候,自己一个人也能玩得很好。理智型孩子有规则,对于物品摆放一旦确认就不会轻易更改,坚持度也比较高,希望事情按照自己的意愿去发展。

理智型孩子要不就不发脾气,一旦发起脾气那就是排山倒海般的,坚持自己的想法,一旦有了情绪,特别容易钻牛角尖,发作起来就很难沟通。如果父母遇到这样的情况一般都会顺着孩子,那么以后遇到父母不顺着自己的时候,孩子就会出现更大失控的情绪。

与理智型孩子相处的小锦囊:接纳孩子的情绪,给予时间让孩子平复情绪，并且引导孩子说出自己的情绪和想法，当孩子情绪平稳后，说出批评孩子的原因，把孩子的行为和孩子本人区别开来，用换位思考的方式教孩子从另外一个角度来看待这件事情。如果与孩子意见不同，友好地协商和选择，用友善的微笑，倾听鼓励的方式和孩子互动，告诉孩子无论怎样，父母都爱你。

孩子无论是一点就爆炸的小火山，还是一言不发的闷葫芦，这里面都有一个情绪重点，就是孩子遇到事情，引发了自己内在的情绪反应。这些大量的内在情绪积累源于孩子的成长环境，有的情绪来自长辈，有的来自老师、同学，有的来自孩子自己，在错综复杂的情景中，孩子更容易产生丰富、复杂的情绪感受。

有的父母在孩子哭的时候，会压抑孩子不允许哭，在孩子体验各种情绪的时候，会有很多评判和指责。特别在公众场合，父母因为自己的面子挂不住，会用数1,2,3的方式强行压下孩子的情绪，想象一下，孩子的情绪刚刚产生，还没有来得及表达，就活生生地咽下去，就好比一大块肉整吞入了胃，胃当然会消化不良。孩子这些情绪没有被释放和消耗，也会出现情绪超负荷，长久如此，孩子就会出现情绪疾病和心理疾病。

无论是哪种情绪反应，对于孩子来说都是正常的，被允许的，只能顺势引导，不能过分打压，这样才能带领孩子进入情绪管理能力的学习和练习。

教会孩子情绪管理的三部曲

（1）帮助孩子识别自己的情绪，了解情绪词语，当自己有情绪的时候第一时间能够识别出来。

（2）学会表达自己的情绪，当孩子有情绪的时候，用正确的方式、正确的语言表达出来，恰当表达自己的情绪，不能被自己的情绪控制。

（3）做些什么让自己的感受好起来，有个情绪管理工具称为"情绪选择轮"，在上面写上让孩子感受好起来的事情，每转动一次，就去做一件积极的事情，让心情愉悦起来。

还有一个重要的部分，如果父母在成长过程中一直忽视自己的情绪是很自然的，对待自己的孩子，也会忽视孩子的感受，还有一个极端就是父母敏感度高的，又会过度关注孩子的负面情绪，和孩子一起在负面情绪里无法自拔。

孩子在日常生活中通过一次次体验内心真实的情绪，与真实的情绪同住，学会疏导自己的情绪，提升抗挫能力，锻炼提升自己内心的强大力量。

遇到困难就退缩的孩子

上天给人一份困难的时候,也给人一份智慧。

——雨果

在人生的道路上,谁都会遇到困难和挫折,就看你能不能战胜它。战胜它,你就是生活的强者。

每一个孩子的成长都不是一帆风顺的,孩子的每一个发展阶段都有着不同意义,孩子的先天气质不同,适应环境的能力不同,敏感度不同,遇到各种人事物的反应也不同。

几乎所有的父母都希望自己的孩子能够勇敢坚强,在面对困难的时候,可以战胜困难。

有的孩子遇到困难的时候,是往后退缩的,面对这样的孩子,让父母非常担心,以后可怎么办呢?上学怎么办?工作怎么办呢?各种焦虑和担心,一股脑地涌上心头。

有个幼儿园的孩子第一次来到我的工作室,人还没有进门,就对着妈妈说:妈妈,我害怕。眼泪刷一下就下来了,用妈妈的话来说,每一次遇到这种情形,孩子的眼泪就像不值钱一样,自己看到孩子这样的反应，每一次内心都十分抓狂，又无计可施。

在这样的情况下，我会先蹲下来，拉着孩子的小手，认真看着孩子的眼睛，轻柔对孩子说：宝贝，你现在很害怕，对不对？你现在想和妈妈在一起，对不对？你现在很难过，对不对？当这三个问题问出去的时候，孩子就会很用力地点头。然后，我会说：老师知道你很害怕，老师知道你想和妈妈在一起，老师知道你现在很难过，你需要老师抱一抱吗？如果你觉得很难过，可以大声哭一会儿，老师会在身边陪着你的。

每一次，到这里的时候，有的孩子就会收起自己的泪水，有的会依偎在我怀里抱一会儿，当我再次询问孩子的感受时，孩子基本上都可以从面对困难的情绪中走出来。

最后一步，我会给孩子一个正向的反馈：老师要给你点个赞哦，你刚才不想让妈妈离开，现在能够独立和老师在一起，你是一个勇敢而坚强的孩子。我会在孩子的额头上，用大拇指点一个赞，让孩子感受到被鼓励自己有能力做到的行为。

每当孩子遇到困难，哪怕是一丁点儿的小困难，父母常见的反应是：批评、指责，甚至是语言上的恐吓（你再这样我就不带你回家了，你真是个胆小鬼，你这个孩子烦死了）。

其实此刻父母最需要做的就是通过观察孩子的情绪和行为，来反思一下，当我的孩子遇到困难的时候，我内心是什么情绪呢？我都说了什么？我都做了什么？我的孩子为什么遇到困难就会表现出退缩呢？我的孩子在退缩的时候心里到底是怎样的感受和想法呢？当我的孩子遇到困难退缩的时候，我可以做点什么来帮助我的孩子呢？

小仪是一个小学生，他的父母认为孩子遇到困难总是退缩，孩子的口头禅就是：太难了，我做不到。妈妈希望我能和小仪交流一下，在征得孩子的同意之后，小仪坐到了我的咨询室里。

我：小仪，爸爸妈妈告诉我，你遇到困难会退缩，你可以告诉我你遇到了什么困难吗？

小仪：老师你好，我遇到自己不擅长的事情，不会的事情，做不到的事情，觉得自己做不好，就不想继续做下去。

我：当你遇到这些困难的事情，你有什么感受呢？

小仪：我感到无助、害怕、紧张、担忧、烦躁、不知所措。

我：当你有这些情绪的时候，你会怎么想呢？

小仪：我觉得自己很没有用，什么也做不好，对自己很失望。爸爸妈妈也觉得我什么也做不好。

我：当你这样想的时候，你会怎么做呢？

小仪：我就放弃了，太难了，我做不到。

我：小仪，我们换一个想法，当下次又遇到这些困难的时候，我们把太难了，我做不到，换成太好了，我来试一试，好吗？

小仪：老师，我有点明白了，下一次再遇到困难，我愿意把"太难了，我做不到"这一句话换成"太好了，我来试一试"。

一周以后，妈妈就给我发来了反馈，小仪已经把"太好了，我来试一试"这句话，用得非常娴熟了。长期使用负面的语言，会让孩子的潜意识产生"习得性无助"，一遇到困难那种无助感就冒出来了。通过正向积极的暗示，把"习得性无助"的负面情绪，变成积极的行为，孩子从负面情绪里出来，正向思维和行动才能启动。通过不断地练习，来改善大脑潜意识里的认知。

当孩子遇到困难退缩背后的内心独白是：妈妈，我不知道该怎么办，请来帮帮我吧；妈妈，我知道怎么做，还是不敢，请不要放弃我啊；妈妈，我开始做了，给我一点时间，允许我小步前进；妈妈，你看我做到了，快夸夸我呀。

那么，孩子为什么会出现遇到困难就退缩的行为呢？

1.父母过度的援助

父母都深爱自己的孩子，舍不得让孩子不开心，舍不得让孩子体验挫折，当孩子小的时候，遇到一些小难题，父母总是第一时间冲到前头，帮助孩子扫清障碍，希望孩子成长道路上一路坦荡，没有任何风险和意外。久而久之，当孩子遇到困难的时候，只要喊一声妈妈，妈妈就如同战士一样冲出来援助孩子，举个最简单的例子，当孩子口渴的时候，手指着水杯，妈妈拿着水杯就过来，打开盖子，送到嘴边，孩子只需要张开嘴。甚至，有的时候，孩子的鞋带松了，把脚一翘，外婆、奶奶就会蹲下来把鞋带系上。

2.困难等级超出孩子的能力

关于困难的等级，对于孩子可以分成三级：一级困难，孩子可以轻松完成。二级困难，需要孩子动动脑筋，想想办法才能完成。三级困难，超出孩子的能力，可以求助他人来完成。困难的等级越高，完成的难度越大。这些困难有的来自生活，有的来自学习，有的来自人际交往和情景的变化。

在现实生活中，在孩子每一个成长阶段，遇到各式各样的困难是正常的，也是孩子成长过程中的必经之路。同时，遇到困难也是孩子和父母成长的机会。当然困难等级一定要和孩子解决困难的能力相匹配。比如，让一个幼儿园的孩子，完成一年级孩子的作业，让一个小学生去处理中学生的人际矛盾，这个困难等级就超出孩子的实际能力。

父母最擅长给孩子提要求，却不教给孩子遇到困难的时候该怎么做，或者说，父母也不知道该怎么面对这个困难。父母可以和孩子一起设定解决困难的三部曲：第一步，父母给孩子评估困难的难度；第二步，让孩子先勇敢地尝试完成；第三步，当孩子无法完成的时候，允许孩子向父母求助。

有的父母为了培养孩子自主做事的能力，当孩子遇到的困难超出孩子的能力时，父母也没有及时提供帮助，反而使孩子觉得自己无论怎么努力也做不到，丧失了对自己的信心。

3.花时间训练才可以高效完成

任何一种能力都不是一蹴而就的，特别是孩子解决困难的能力，需要在长期的实践生活中花时间去训练，因为困难有的时候不是以单一形式出现，随着孩子长大，很多困难会错综复杂地出现在孩子与父母之间、孩子与老师之间、孩子与同学之间、孩子自己的身上、孩子与学业之间、孩子与世界之间。

在我的来访者个案中，以上的那些都是孩子面临的困难，在家里的时候，遇到困难还可以第一时间找父母帮助，可是在学校里，特别是住校的时候，孩子们就会显得孤立无援。所以，在孩子小的时候，在幼儿园、在小学的时候，父母在家里花时间锻炼孩子解决问题的能力，才能让孩子在青春期的时候，得心应手地解决来自各方面的困难。

孩子们最常见的困扰就是来自情绪方面，管理情绪的第一步就是去识别自己的情绪，识别情绪就需要花时间来训练对自己情绪的觉察力和感知力，这样识别情绪的训练就可以每天在孩子和父母的对话中实现。

有的孩子每天放学回家，面对成堆的作业，无法下笔，拖拉磨蹭，写作业天天熬到晚上十一二点。这时候，作业清单就可以帮到孩子，作业清单的第一步就是列清单，写出所有的作业，并标出完成的时间，看起来非常简单的一个动作，就是需要花时间训练才可以高效完成。

当孩子遇到每一个困难的时候，父母应该感到高兴，因为培养孩子解决问题的能力的机会来啦，解决问题的能力不是天生就有的，是需要父母和孩子在日常生活中养成的。父母遇到困难以身作则的态度，孩子会观察父母的行为，模仿父母的行为，在自己点点滴滴的学习中逐步掌握解决问题的能力。

孩子的眼睛就是一把尺，大脑装有识别器

人人都说小孩小，谁知人小心不小，你若小看小孩小，便比小孩还要小。

——陶行知

很多父母都觉得学龄前的孩子比较小，什么都不懂，他们的教育观念是等孩子长大之后再开始教育，事实上，孩子在学龄前真的什么都不懂吗？

孩子从一出生就开始学习了，孩子的眼睛在观察周围的一切事物，周围人的行为，一切他从未看过、从未发现的新鲜东西。孩子的眼睛就是在观察这个世界，充满好奇、充满对这个世界的探知。

在对孩子的咨询中，孩子告诉我，他每天都会观察爸爸妈妈、爷爷奶奶的表情和行为，特别是家里有了二宝之后，他每天看到的都是爸爸妈妈、爷爷奶奶围着二宝在团团转，让他心里特别讨厌二宝。有一次一个阿姨上门来看望妈妈和二宝，随口说

了一句,"二宝,真可爱啊,真想把二宝带回家"。三天之后,他去那位阿姨的家里,非常认真地说"你什么时候把二宝带回家呀"?弄得那位阿姨特别尴尬。

对于家有二宝,多子女的家庭,每一个孩子的眼睛都在观察着父母长辈的一举一动,一言一行,特别是当孩子之间发生冲突的时候,孩子们更加是把父母如何处理矛盾的方式方法,看在眼里,记在心里。

有一对姐妹花,姐姐和爷爷奶奶住在一起,妹妹和爸爸妈妈、外公外婆住在一起,连续两个周六,奶奶送姐姐妹妹去上兴趣班,姐姐都会问奶奶一个问题,"奶奶,你是喜欢我,还是喜欢妹妹呢"?这样一个看似很简单的问题,奶奶却无法回答,奶奶越是不回答,姐姐就会越逼着问奶奶,奶奶情绪失控就会对姐姐说:"我现在喜欢妹妹,你太不听话了。"接着姐姐就会情绪失控,眼泪汪汪,陷入受害者的情绪里。怎么也想不通明明奶奶天天和自己在一起,为什么会说喜欢妹妹呢?直到有一次,我和姐姐聊天。

我问:当你听到奶奶说喜欢妹妹的时候,你是什么感受呢?

姐姐说:委屈、难过、伤心、暴躁。

我问:你是怎么想的呢?

姐姐说:我觉得奶奶不喜欢我,不爱我。

我说:其实你是希望奶奶喜欢你多一点,喜欢妹妹少一点,对吗？

姐姐含着眼泪，点点头。姐姐从小到大都和爷爷奶奶一起生活，奶奶也有双重身份，有时候是奶奶，有时候像妈妈。

当孩子看到的情景和父母长辈口中表述的不一致的时候，孩子内心会觉得：到底发生了什么？我要确认他们是否真地喜欢我，我在他们心里是否是重要的，我在他们心里是否是有价值的。

达尔文说：环境比物种更重要。脑科学家研究表明，正常人一出生，大脑就有1000亿个脑细胞或称神经元，它们彼此孤立，当受到视觉、听觉、嗅觉、味觉和触觉的刺激时，每根神经元就会发育出许多树枝状的树突，树突之间通过突触互相连接，突触越多，形成的神经网络就越发达，大脑的功能就越强，智力就越高，大脑心理学家们发现儿童的智力和性格在0~3岁就完成了60%。

"孩子是环境的产物"。但是，孩子的神经元及突触的数量是最终需要量的两倍多，原始的脑回路传输既杂乱无章又不准确，很容易失真。人类几乎一大半的基因用来设计预设大脑，但远远不能满足高效、准确的需求。高度活跃的神经回路被强化保留，而不活跃的神经回路就开始退化。这就是大脑的"用尽废退"，精简的回路极其高效。有趣的是，突触的连接自4岁后就开始走向衰减。

孩子的大脑就像一个知识的海绵，吸收着周围人的语言、行为、情绪，孩子会做出相应的互动反应。

有一次，我去朋友家做客，朋友烧开水泡茶，她家两周岁大的孩子看到了烧水壶亮着的指示灯，指着指示灯一直兴奋地叫着，朋友不以为然，觉得孩子是大惊小怪，这有什么稀奇的。可是，对于一个孩子来说，犹如哥伦布发现新大陆一样的惊喜和激动。

我看到了，就蹲了下来，笑着对这个孩子说：哇哦，你真的是一个观察力非常仔细的孩子呀，你看到了这里有一个灯，你发现它今天亮了起来，你很开心、很欣喜，对吗？

孩子一直用眼睛看着我，小耳朵听完我说的话之后，脸上露出了一个大大的笑容，那个笑容仿佛是在对我说：你能听懂我说的话哦。

这时候，朋友要出门买个东西，拜托我在家带一会儿孩子，孩子看到妈妈要出门，就开始着急起来，拍着门喊，"妈妈，妈妈"，一边要去拉门，想要和妈妈一起出去，外婆此刻就从厨房出来，声音特别大地对孩子说：你干什么呀？每一次妈妈要出去，你都要跟着出去，喊什么喊，你妈妈马上就回来了，别吵了。

孩子听了外婆的话，并没有安静下来，情绪反而更加激烈起来，拉着门把手，开始用力地摇晃起来。

我走到他旁边，轻声地说：你想妈妈了，对吗？你想和妈妈一起出去，对吗？你想和妈妈在一起，对吗？

当我说完这番话,孩子就神奇地安静了下来。

我看着孩子的眼睛柔声地说:妈妈出去买一个东西,很快就回来喽,我在这里陪伴着你,一直陪伴着你,直到妈妈回来哦。

孩子听完这段话之后,慢慢地走到我的身边,顺势我就把孩子带到沙发上,拥抱了他一下,拿出了一本绘本和他一起看。

父母在教育孩子的时候要先了解孩子的先天潜力优势,特别在孩子有强烈的反应时,孩子有可能正在经历一些困难和挫折。每一个孩子大脑里都装有一个"识别器",当一个人来到孩子面前的时候,这个人身体里散发出的能量和气息,孩子立刻就能捕捉到,这就是有的孩子看到陌生人,第一反应有时候会笑,有时候会哭,有时候会排斥陌生人的拥抱,孩子识别的是,这个人是友好的,还是不友好的,这个人是可靠的,还是不可靠的。

孩子天生就有一种能力,可以敏锐地识别他人的情绪,孩子在妈妈肚子里3个月的时候,就能感受到妈妈的情绪反应,如果妈妈在孕期的时候情绪不稳定,这些不稳定的情绪就会直接传递给孩子,这个感受就会保留在孩子的潜意识里。

孩子出生之后,因为孩子的先天气质不同,有的孩子情绪体验过于丰富,也会让孩子安全感不足,敏感度高,这类孩子特别难以养育,给父母养育带来很多的挑战,父母因此自我价值感较低,情绪波动比较大,对于孩子的挑战就渐渐失去耐心,会给孩子贴上"不听话""磨人"的标签,这样的恶性循环,使孩子和父母的亲子关系在幼儿的时候就受到影响，不能建立安全、亲密、信任的亲子关系，这些都为以后的亲子关系留下了嫌隙。

情绪本质正向是指一个孩子总是笑容满面，天生是一张笑脸，情绪敏感度比较低。

情绪本质正向的孩子就是开心果，每天乐呵呵的，见人就笑，喜欢与人保持积极互动，遇到挫折能够很快走出来；缺点就是对自己的情绪与他人的情绪，无法第一时间识别出来，容易忽略自己与他人的情绪反应。这样的孩子是天生的外交家，人际交往是强项。

情绪本质负向是指一个孩子总是满心忧愁，闷闷不乐，经常一副面无表情的样子，但是不代表心里不快乐，只是表情比较严肃，经常会板着脸。这样的孩子情绪敏感度比较高。有的孩子甚至看见小动物死了，也会非常悲伤，甚至哭到停不下来。

情绪本质负向的孩子遇事客观、冷静，是分析家和评论家。

可以经常这样提醒自己：请往好处想，通过积极的潜意识的想象练习，改变孩子遇事容易进入负向情绪的心理，从而培养积极的正向情绪。

无论孩子的情绪本质是正向还是负向，这些情绪体验感受也是每一个孩子独一无二的部分，了解孩子的情绪本质，父母和主要养育者可以用因材施教的方法，用不同方式引导孩子在人际互动中与他人和谐共处。

| 1个测评，探寻孩子的协调发展

生命全部的意义在于无穷地探索尚未知道的东西。

——左拉

学习是一个大脑和身体合作的过程，也是智力和体力协调的过程，每一个孩子都具有学习的潜力。

儿童的发展是从头到脚，由内而外。在6岁之前，很多孩子潜在的问题都被忽略了，因为幼儿园是一个比较宽松的环境，孩子年龄也小，有的父母觉得孩子大了自然就会好了，其实这是一个错误的观念，如果父母没有在6岁前帮助孩子整合身体和大脑的协调能力，那么等孩子进入一年级之后，就会出现很多问题，比如，上课注意力不集中、好动不安、畏难等。

感觉统合是一切学习能力的基础。感觉统合是指身体各部位之间的一种自然流畅的配合，比如，手和眼之间的配合，上肢和下肢的配合，是人体一种普遍的能力。这套理论最早是由美国心理学博士爱尔丝提出的，他一生致力于脑功能研究，人体器官各部分的感觉信息输入大脑后，经过大脑的统整，对身体的内外动知觉做出正确的反应。

对于成长期的孩子,感觉统合良好就是身体发育好,情绪稳定,学习快速,各方面能力强,有自信心。

比如,孩子一年级在学校上课的时候,老师发出一个指令:请同学们把语文书翻到第66页,这时候,孩子的耳朵听到了指令,大脑接受到指令之后,眼睛就开始去看语文书,手就开始翻页,最后停留在第66页。这个过程就是感觉统合。

课堂上有的孩子听到老师的指令后,能够快速完成这个指令后的一系列动作,有的孩子却会磨磨蹭蹭,每一个过程都是慢半拍,好不容易完成了老师整套的指令,老师已经讲了一大半的内容,孩子就没有听到,到了放学老师布置作业的时候,就不会做,不理解句子的意思,无法完成家庭作业。每一个学科课堂上,都会发生同样的模式,孩子的学习成绩肯定就上不去呀。

接着,老师找父母,父母又把压力给到孩子,孩子面对老师和父母、学业的三重压力,渐渐地对学习失去了兴趣。

从生理学的角度来了解,感觉统合是指大脑和身体相互协调的系列过程,由身体的七大感觉器官组成,分别是:视觉、听觉、味觉、嗅觉、触觉、前庭觉、本体觉。大脑收到外界的信息进行加工整理,然后给出相应的反应。

很多孩子的学习困扰都离不开这七大感觉统合的失调,其实就是"学习能力障碍"。

触觉问题：

（1）躲避接触。固执于某些物件要时刻抱着才有安全感，不爱玩身体接触的游戏，嫌弃某些质地的衣物。

（2）讨厌被触摸。讨厌理发、洗澡、刷牙，不喜欢绘画、沙土、泥工等手工作业。

（3）爱打架。爱发脾气动手打人，对非恶意的身体接触反应激烈。

前庭感觉功能问题：

（1）特别爱玩旋转的凳椅或游乐设施，而不会晕。

（2）喜欢旋转或绕圈子跑，而不晕不累。

（3）虽看到了仍常碰撞桌椅、旁人、柱子、门墙。

（4）行动、吃饭、敲鼓、画画时双手协调不良。

（5）手脚笨拙，容易跌倒，拉他时仍显得笨重。

（6）俯卧地板和床上时头、颈、胸无法抬高。

（7）爬上爬下，跑进跑出，不听劝阻。

（8）不安地乱动，东摸西扯，不听劝阻，处罚无效。

（9）喜欢惹人，捣蛋，恶作剧。

（10）经常自言自语，重复别人的话，喜欢背诵广告语。

（11）表面左撇子，其实左右手都用，而且不固定。

（12）分不清左右方向，鞋子、衣服常常穿反。

（13）对陌生地方的电梯或楼梯不敢坐或动作缓慢。

（14）组织力不佳，经常弄乱东西，不喜欢整理自己的环境。

本体感觉功能问题：

（1）书写速度慢，字迹不规则，书写时往往过分用劲。

（2）在学习和其他活动中，顺序性和时间意识差。

（3）容易因为非智力因素引起学习不良，完成简单动作常常遭遇失败，自信心不足，遇到困难容易沮丧，依赖性强。

（4）学习系鞋带、扣钮扣等精细动作困难，大运动和精细运动技能差，动作笨拙，不喜欢翻跟头，不善于玩积木。

（5）不合群、孤僻，在陌生环境容易迷失方向。

在日常生活中，我们可以利用生活中的场景帮助孩子做感觉统合的训练。

第四章

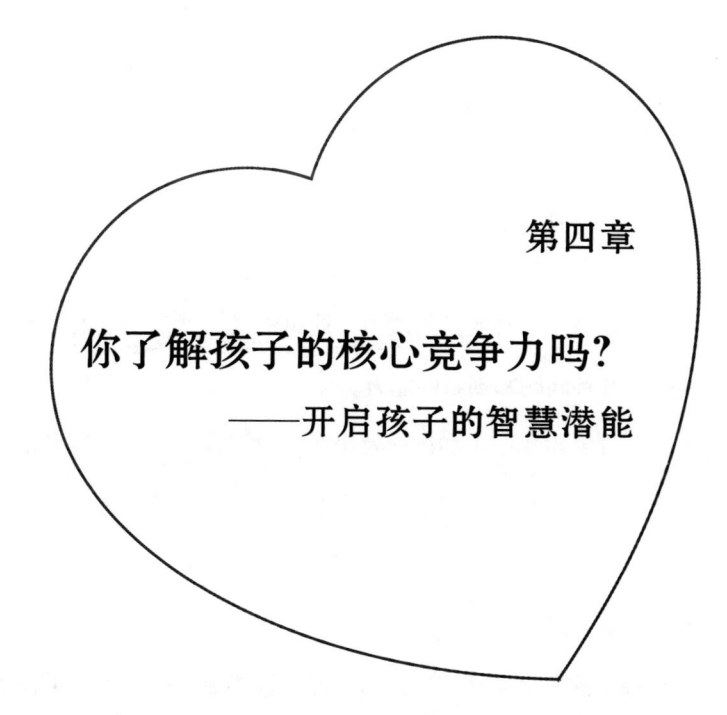

你了解孩子的核心竞争力吗?
——开启孩子的智慧潜能

多元智能影响孩子一生能力的发展

每一个孩子都是潜在的天才!

——霍华德·加德纳

智能就是一种智慧的能力,简单地说,就是一个人善于用头脑解决各种问题和创新的能力。

教育家霍华德·加德纳教授在1983年首次提出人类多元智能分为8种:语言智能、数理逻辑智能、视觉空间智能、自然观察智能、人际沟通智能、自我认识(内省)智能、肢体运动智能和音乐节奏智能。

每个孩子生来都有巨大的潜能,智能也是每一个孩子在未来的人生中能够飞得多高多远的重要因素,智能也是影响孩子一生的能力。

如果父母在孩子小的时候对孩子的智能不了解,没有给孩子提供智能发展的各种环境,并且利用生活中各种场景来科学地训练孩子,那么孩子就不能最大化发展出各项智能潜能,随着孩子的成长,有些没有被及时开发的智能还会消失不见。

一、孩子的八大智能包含哪些内容？

1.语言智能

语言智能包含孩子的听、说、读、写，语言的发展必须以沟通为基础，语言智慧在个人整体发展的重要性为：提升学习、思考、组织、阅读、写作及解决问题的能力，从而提升自信和自尊，建立良好的人际关系。

2.数学逻辑智能

孩子可以有效地运用数字和推理的能力，这项智能包括对逻辑方式和关系、陈述和主张、因果关系及其他相关的抽象概念的敏感性。用于数学逻辑的各种步骤包括：分类、分等、推论、概括、计算和假设检定。

3.视觉空间智能

孩子能够准确地感受视觉空间，并把所知觉到的表现出来，这项智能包括对色彩线条、形状、形式、空间及它们之间关系的敏感性，包括视觉和空间的想法立体化地在脑海中呈现出来，在以后空间的矩阵中很快找出方向的能力。

4.自然观察智能

孩子具有欣赏、辨别动植物及连接生命组织的能力，对于周遭生活环境的认知与喜好的表现，对于自然的景物，如植物、动物、天文等都有兴趣与关怀，能适应环境，了解动植物关系，喜欢大自然。

5.人际沟通智能

孩子善于觉察区分他人的情绪、意向、动机及感受的能力，包括对脸部表情、声音及动作的敏感性，辨别不同人际关系的暗示，以及对这些暗示做出适当反应的能力。

6.自我认知（内省）智能

孩子有自知之明，并据此作为适当行为的能力，这项智能包括对自己相当了解（自己的优势和盲点），意识到自己的内在情绪、意向、动机、脾气和需求，以及自律、自知和自尊的能力。

7.肢体运动智能

孩子善于运用整个身体来表达想法和感受，以及运用双手灵巧地生产或改造事物，这项智能包括特殊的身体机能，如协调、平衡、敏捷、力量、弹性和速度，以及自身感受的、触觉的和由触觉引起的能力。

8.音乐节奏智能

孩子通过觉察、识别、改变和表达音乐的能力（音乐爱好者、音乐评论家、作曲家、演奏家），这项智能包括对节奏、音调、旋律和音色的敏感性。

二、多元智能对孩子的发展有哪些方面的影响呢？

1.语言智能影响孩子思维和语言表达的发展

在同一个课堂上，有的孩子在回答问题的时候会出现口齿不清晰，说话含含糊糊，断断续续，甚至有的字和词发音错误。有的孩子语速快得都听不懂他在说什么，有的孩子发音标准，吐字清晰，表达准确。上了小学之后，有的孩子作文根本写不出来，有的孩子的作文却成为老师的范文。语言智能发展好的孩子思路清晰有条理，语言表达完整、全面，而语言智能发展弱的孩子思维和表达能力都很差。

2.数学逻辑智能影响孩子分析问题的发展

人的一生会遇到各种各样的问题，能判断是非，分析问题的人才能有能力去解决问题。有一次我向一个青春期个案咨询的孩子发问：你遇到这个事情会怎么办呢？那个孩子回答我说：不知道。这就是从小没有培养数理逻辑智能的回答。

开发孩子的数学逻辑智能就是培养孩子推理、判断、综合分析的能力和解决问题的能力。如果孩子在数学逻辑智能上没能得到开发，第一在数理学科上学习会很吃力，第二长大后很难成为一个果断、勇敢、有决断力的人。

3.视觉空间智能影响孩子空间感的发展

人是通过眼睛来看到空间的，视觉空间智能会影响对空间判断的正确性。有的孩子在学习左右的时候，怎么教都学不会。有的成年人也一直分不清左和右，东南西北，给生活带来许多困扰。视觉空间不仅仅是认识空间方向和方位，有一次，我看到一个小朋友在做题，题目他看懂了，也算对了，但是在最后一步写答案的时候，却写到了下一题的空格处。这种现象在中小学生做作业，甚至考试中经常会发生。这些都是因为视觉空间智能不足造成的。

4.自然观察智能影响孩子好奇心的发展

每一个孩子对外面的世界都充满着好奇，对于孩子来说，好奇心就意味着他想去了解、探索、学习，那么走进大自然就是培养自然观察智能的绝佳场所。带着孩子去大自然的时候，也是激发孩子好奇心的好时机，孩子一定会有很多的问题，俗称"十万个为什么"，此时，父母不要着急回答孩子的问题，试着让孩子自己去发现问题，找到答案。有一次我在朋友圈里看到一位妈妈，带着两个孩子在路边观察蜗牛，不知不觉就观察了两个多小时，这就是陪伴、探索、解开心中疑团带来的成就感。这样的自然观察智能培养可以激发孩子的好奇心与探索之旅。自然观察智能弱的孩子总是毛毛躁躁，静不下来，遇到一点困难就会打退堂鼓。

5.人际沟通智能影响孩子与他人合作的发展

人是活在各种关系中的，如果一个孩子只活在以自我为中心的世界里，那迟早是会出问题的。与各种各样的人打交道，与各种各样的人协调事务，是人际交往中非常重要的能力。人际沟通智能需要从小开始培养。拥有这项人际智能的孩子长大之后可以很顺利，很自然地与他人互动，也会得到更多人的帮助和合作。人际沟通智能不强的孩子会在学校和以后的工作中处处碰壁。

6.自我认知智能（内省）影响孩子自信心的发展

自我认知智能就是一个人对自己的了解程度，客观地评价自己的优点和缺点，特别是在自己犯错误之后，能不能意识到这个错误，及时反省，及时改正。有一次两个孩子在我面前打架了，我拉开之后，问明原因，让他们互相道歉，问两个孩子：你们知道自己错在哪里了吗？两个孩子都说：不该动手打人，下一次可以用语言提醒。我说：我批评的是你们两个人的行为，但不是批评你们两个人。通过内省练习让孩子们意识到刚才自己的行为不当，这也是重新塑造孩子行为的好机会。

7.肢体运动智能影响孩子身心协调发展

身体自信是一个孩子自信的第一个重要来源，当孩子第一次站立，第一次走路，掌控自己身体的成就感，让孩子喜悦不已。孩子的发展是从头到脚，由内而外。

身体的运动由大脑发出指令，运动又会促进大脑发育，身体协调发展带动孩子的情绪稳定平衡，继而心情愉悦，身心和谐，精力充沛，加速新陈代谢。

当身体运动智能没被开发的时候,有的孩子则会出现萎靡不振,不想出门,在家躺平玩手机,情绪暴躁或悲伤,心理健康亮起红灯。

8.音乐节奏智能影响孩子右脑的发展

现代脑科学证明,人的大脑分为两个部分,左脑负责语言的、理性的以及文字,分析内容的处理,右脑主要负责音乐、绘画等形象思维的内容处理。

有的孩子在音乐课上五音不全,唱歌跑调。在语文课上,朗读课文的时候,一读到底,没有韵味与节奏感。

从小对孩子进行音乐节奏智能的开发,让孩子的右脑得到充分的、大量的、持续的刺激,让孩子的音乐节奏智能得到大幅度提升。

三、提升孩子多元智能相互发展的方法

1.提升语言智能的方法

陪伴孩子阅读,大声朗读,写作,相互交谈,口才演讲,讲故事,参与讨论。培养幼儿语言表达能力可以从教孩子正确的发音,教孩子巩固词汇,教短句,鼓励孩子讲连贯语句四个方面训练。

2.提升数学逻辑智能的方法

让孩子参与数字运算,推理游戏,分类、排列、探险、做试验。培养幼儿数学逻辑可以从正数、反数、数水果、数蔬菜、数

绘本里的数字，以及活用生活场景中与数字相关的内容。

3.提升视觉空间智能的方法

父母和孩子一起多做模型、拼图、做手工艺、拍摄、绘画、围棋、定向追踪游戏、联想游戏。出门在外的时候，教给孩子认识东南西北，识别方向和空间。

4.提升自然观察智能的方法

多带孩子接触大自然，多参观博物馆、动物园、植物园，实际种植植物，参与动物、昆虫的养育生长互动。多带孩子走进大自然，天空、云朵、树叶，大自然里的万事万物就是最好的探索和观察的机会。

5.提升人际沟通智能的方法

让孩子多参与团体活动，学习社交技巧及解决难题的训练，营造机会让孩子主动与他人请教，互动沟通。带着孩子和不同的人去交流，让孩子在人际互动中学会观察，学习辨别，学会适应不同的团体。

6.提升自我认知（内省）智能的方法

让孩子多与他人分享，充分表达自己的想法，认识，了解自己的能力和情绪，制订个人的目标及计划，培养自律性等。

需要注意的是，一个孩子只有在不被责备的时候才能发展出内省智能，当孩子做错事情的时候，当孩子调皮捣蛋的时候，就是一个孩子最缺爱的时候，父母越是训斥，孩子越加强不良行为，而父母温柔地看见孩子、理解孩子、允许孩子去表达自己的想法和情绪，很快事情就会得到一个正向的解决。

7.提升肢体运动智能的方法

让孩子积极参与各类体育活动，如室内外运动、爬山、竞技或竞赛性游戏和戏剧训练等。

运动对于孩子来说就是不需要学习的项目，孩子天生就喜欢玩耍，两个孩子在一起自动就会了，父母在家里可以和孩子一起玩一些亲子运动游戏，一来增加亲子关系，二来父母就是孩子最好的玩具。

8.提升音乐节奏智能的方法

让孩子学习唱歌、舞蹈，学习一门乐器，去欣赏演唱会、音乐会和歌剧等，增强节奏感、韵律感。

父母可以在孩子身上拍打着节拍唱着童谣，让孩子感知音乐的节奏，跟着一起合唱，通过音乐美妙的旋律，让孩子沉浸在音乐的世界里，音乐是一种可以跨越世界的语言。

父母通过对孩子八大智能的了解和开发，达到多元化发展，这八大智能的了解和开发时间是越早越好，培养适应各种情景，解决各种问题的核心竞争力。

每一个孩子的八大智能发展是各不相同的，有的是先天遗传，有的是后天开发。八大智能之间是相互促进，共同发展的。一种智能的发展对于其他智能的发展可以起到积极影响的作用。

八大智能也是孩子智慧的发展，未来专业人才领域的方向，当然，孩子智能的发展也离不开以下3个方面：

第一个方面：全方位的环境

1.家庭教育观念环境

我们培养未来的人才，而每一个孩子的成长环境对于孩子有着重要的影响，第一是父母的正确家庭教育观念环境，不是培养一个会考试的孩子，而是培养一个德智体美劳全面发展的孩子。

2.实体的环境

保证让每一个孩子生活在安全的家庭环境、幼儿园环境、学校环境。在安稳、有序、安全的环境中满足孩子健康成长的生存需求，满足孩子的生理及活动的需求。

3.心灵滋养的环境

每一个孩子成长过程中，需要来自家庭中父母和主要养育者提供的归属感和价值感，被爱、被关怀、安全感、自尊心、好奇心和成就感。

培养孩子如同培养一棵苹果树，如果不给苹果树提供充分的营养土壤、充分的水分、充分的日照，苹果树无法茁壮成长，无法结出满树的果实。

只有从苹果树的根系进行滋养，苹果树的枝干才能粗壮，苹果树的叶子才能茂盛，最后才能结出累累硕果。

第二个方面：多元智能是一种智慧

解决各种棘手问题的能力，多元智能就是一种智慧，就是一种解决问题的能力，也是一种合作能力的体现。每一个父母也是从孩子成长起来的，父母日常生活中解决问题的能力、与他人合作的能力，也时刻影响着孩子解决问题的能力、与他人相处的能力。在未来的时代，一个能够适应各种复杂情景，保持情绪稳定，并善于与他人合作，且会解决各种复杂问题的人就是一个充满智慧的复合型人才。

第三个方面：创新力就是竞争力

在未来，创新力就是竞争力。世界每一天都是全新的，日新月异，高速发展，每一个未来的人才都需要继往开来，传承创新，传承中国民族文化的深厚底蕴，开拓更多的精彩未来。

孩子在未来的世界中，用已有的知识去解开未知的答案，用他们的聪明才智去探索，创造出属于他们的精彩新时代。

完不成学习计划，是孩子懒吗？

无目标的努力，有如在黑暗中远征。

——叔本华

一个人只有从小树立目标才能走得更远，在孩子小的时候就引导孩子立志向，要立长志，早立志，积极正向的目标是孩子成长路上的一盏明灯。没有目标的人生就如同浮萍一样无依无靠，没有目标的人生，遇到一点挫折就会被打败。

当然，孩子的目标会随着年龄的增长发生变化，这是没有关系的，只要每一个阶段有目标就好，目标发生变化是正常的。孩子也是在自己的人生中探索和学习的。

一般外向的孩子就特别容易更换自己的目标，对于新鲜的人事物抱有好奇，愿意去迎接各种挑战。而内向的孩子一旦确定目标就会坚持不懈，有毅力、有计划地实现自己的目标。

在孩子进入一年级的新学年开始，父母们就迎来了第一个挑战，就是学科类的各种学习，既然要学习就要做好各种学习计划，一年级的父母们就开始为孩子做各类的学习计划，父母们为孩子真是操碎了心，信心满满地做出了计划，而结果呢？

小卫是一年级的小学生，平时活泼可爱，在幼儿园的时候，大把的时间可以玩，而进入一年级之后，妈妈给小卫安排好了学习计划，刚开始三天，还有点效果，可是第四天开始，小卫就开始不愿意按照妈妈的计划表学习了。妈妈看着自己辛苦做出来的计划表，孩子却不配合，气不打一处来，先是语言责怪，小卫听着妈妈的话，越发不想学习，妈妈一激动，没有控制住自己的情绪，上去就劈头盖脸地打了小卫一顿，刚打完的第一天，小卫就特别听话，特别乖巧，立刻按照妈妈制订的学习计划去完成学习，可是，三天之后，小卫又不愿意按照计划表学习了，在期中考试的时候，小卫的语文、数学只考了70多分，妈妈更加着急，来到我的工作室，对我说：现在一年级就这样，马上上二年级了可怎么办呀？我家这个孩子不提学习什么都好，一提学习马上翻脸，少写一个字都是好的，实在是太懒了。

孩子不能完成妈妈的学习计划，就真的只是懒吗？有可能还有三个原因：生理、心理和习惯。

我问了妈妈一个问题：学习是谁的事情？学习计划到底是谁要完成呢？妈妈沉思片刻回答：是孩子的学习，是孩子的学习计划，可是，他按照计划去做呀，总是有头无尾，有始无终……

制订计划要注意3个方面：

一、不同的孩子制订不同的学习计划

首先，在小卫和妈妈的互动中，妈妈替代小卫制订了学习计划，仅仅是让孩子去执行，并没有对小卫的实际能力进行正确评估，同时，妈妈要和孩子一起去制订相关可行的学习计划，在制订学习计划之前妈妈和孩子要做好充分的准备工作，比如，学习的内容、学习的时间、休息的时间等，这些都是需要和孩子提前进行讨论的，否则，孩子对学习内容没有了解，总是有完成不了的学习任务，情绪就会烦躁，觉得没有空余时间，面对毫无希望的学习，最后孩子就会放弃。

还有一个更加重要的细节，就是要了解孩子的性格特点、适应能力、专注力、解决问题的能力等，根据不同的孩子制订不同的学习计划，小卫是一个外向的孩子，习惯一边说，一边来统整自己的想法，在制订计划的时候，让孩子多表达自己的想法和做法，妈妈多提问，让孩子在做计划的时候考虑周全，改善外向孩子的盲点。

如果是一个内向的孩子，考虑问题会比较严谨，但是容易想得多，行动少，做事情要求做到完美和极致，会出现做事情速度很慢的情况。这时候就需要妈妈更多地引导孩子把自己所想完整地说出来，把说出来的想法落实到行动上，一步一步去完成。

二、制订合理的学习计划

先要根据不同性格的孩子做好制订学习计划前所有的准备工作，接下来就要和孩子一起制订学习计划。小卫是一年级的孩子，完成语文和数学老师布置的家庭作业，还要做好预习和复习的准备，而外向的孩子不爱预习和复习，特别怕写字，喜欢用嘴巴说，内向孩子又太容易抠细节，一道题目如果不会，会一直困在原地，浪费很多时间。

当孩子每天回家之后，第一步，妈妈和孩子把每天的作业清单列出来，这样做可以让孩子心中有数；第二步，请孩子预估一下，做各科作业需要多长时间；第三步，完成每一个作业后，请孩子在自己的作业清单上打勾，记住，一定要打红色的勾。

千万不要小看这个小勾的作用，每勾一次都是在建立孩子的价值感，孩子自己制订的学习计划，自己完成，自己鼓励自己，孩子从内心会觉得自己真的很自律，真的很能干，真的很自信。孩子的自信就是这样一天一天增强的。

三、更进执行学习计划

是不是完成第二步就万事大吉了，孩子就会按照父母想象的，自觉地每天按照学习计划完成。看，计划也是孩子自己做的，作业清单也是孩子自己写的，打勾也是自己打的，一切是那么完美。

哈哈，千万不要忘记，孩子终究还是孩子啊。培养一个好习惯需要300~500次的练习，执行学习计划最重要的一点就是第三步，即练习、练习、刻意练习。

练习到一定的次数，从量变到质变，从意识到潜意识，才能真正形成好习惯。孩子是需要在父母的引导帮助下，完成这些计划的制订和执行的。孩子的可塑性比较强，父母在家庭里营造适合孩子成长的环境，并且把孩子完成得好的部分反馈给孩子。

在更进执行力方面，还有一个重要的部分就是积极正面的反馈，就是父母把孩子做得好的部分，做到的部分，用正面的语言反馈给孩子，让孩子知道自己做到的部分。

那么，孩子没有做到的部分就不管了吗？当然不是的，这个时候也要根据每一个孩子不同的性格特点和敏感度的高低，进行因材施教的反馈。

外向的孩子就需要先用正面的语言进行鼓励，他们需要被看见，从学习态度到学习内容，再到学习时间，用启发式提问询问孩子，你觉得还有哪里可以调整的吗？这时候，孩子说着说着，就自己找到了修正的地方和调整的方案。

内向的孩子可以请他们自己来做反馈：你觉得这个星期的学习计划，你哪些地方做得比较好呢？如果下一次去做，哪些地方可以做得不一样呢？通过这样的表达，内向的孩子会发现自己其实很优秀的。

　　如果父母在家庭教育中总是采用批评指责的方式，一手操办的方法在孩子的学习目标和学习计划上，久而久之，孩子会产生逆反心理。外向的孩子更加容易叛逆，和父母对着干，情绪容易失控，带着负面情绪的孩子是无法安静下来好好学习和写作业的。

　　内向的孩子擅长隐忍，不能攻击父母，就选择攻击自己，到青春期的时候，孩子就容易出现学习障碍和情绪认知障碍。

　　父母不要随便给孩子贴上"懒"的标签，要更加耐心细心地去观察孩子行为背后的原因，找到问题真正的根源之后，根据孩子不同的性情，用孩子能够接受的语言，和孩子进行互动交流，和孩子一起来解决这个问题，同时，孩子也学会了遇到问题如何处理的能力。

| 学习就像一串糖葫芦,有广度没深度怎么引导?

书读得越多而不加思考,你就会觉得你知道得很多;而当你读书而思考得越多的时候,你就会越清楚地看到,你知道得很少。

——伏尔泰

每一次给家长做个案咨询辅导的时候,接到最多的就是家长关于孩子学习方面的困惑。

那么,有机会单独和孩子在一起的时候,我一定会问孩子的几个问题:

(1)学习学的是什么?

(2)为什么要学习?

(3)怎么学习呢?

孩子们对于第一个问题回答:学习的是知识。

那么,到底学习的是什么知识呢?

学习知识包含四层意思:第一层是学习新的知识;第二层是用新的知识来解释旧的知识;第三层是用旧的知识来解释新的知

识；第四层是把新知识和旧知识统整起来，融会贯通。

艾宾浩斯研究发现人的大脑是有遗忘曲线的，学习新知识20分钟之后，大脑就开始遗忘42%，1小时后遗忘56%，1天后遗忘74%，一周后遗忘77%，一个月遗忘78%。

如果学习的时候，只停留在第一层学习新知识，那么只是浅学习，被动学习，没有进入深学习和主动学习。

小凡是四年级的小学生，看起来就是那种聪明伶俐的孩子，有好多有趣创意的点子。可是，就是这样的孩子，在学习上却特别费劲，上课的内容一问都懂，的确也能说出个道道来，但是，多问了几个为什么之后，他就不知道该怎么回答了。

从小凡的语言表达可以听出，第一小凡真的不知道，第二小凡心里知道但是不知道怎么用语言表达出来。很明显，小凡只停留在学习的第一个层面。

也就是说小凡学习过的一个个小知识点，他听懂了，心里也明白了，但是这些知识点就像一串糖葫芦一样，知识和知识之间没有连接，没有能够融会贯通。所以，小凡并没有真正弄懂知识点的内涵，没有把知识点吃透，内化成自己的能力，在考试的时候自然就作答不出来。

生活中像小凡这样的孩子很多，在低年级的时候，还可以应对考试，然而，到了小学高年级的时候，知识点越来越难，知识越来越复杂，低年级没有搞明白的知识越积越多，就会发现学习越来越吃力。

小凡妈妈说，现在没有辅导班了，自己的能力也有限，不知道该如何帮助孩子面对现在的学习困境。

从小凡一进入工作室，我就开始观察这个孩子，面对这样的孩子先从孩子的性格特点来了解，像小凡这样的孩子是比较外向，学习到了新的知识之后，是很乐意和别人分享的，但是却不爱深度思考，也不喜欢动手做课堂记录。这也是有的父母反馈自己的孩子"特别懒""爱动嘴不动手"，长期这样的发展，深度思考的那个大脑区域一直没有启动，处于沉睡状态。

为什么孩子会出现只有广度没有深度的情况呢？

（1）孩子普遍都是好奇宝宝，看到什么都好奇，就是好奇，对于新鲜事物更是什么都想看一下，摸一下，看完、摸完就没然后了，觉得自己已经了解了这个东西，接下去又被一个新鲜事物所吸引，周而往复，根本无暇去思考这些东西更深层次的内涵，久而久之，孩子就形成了自己探索世界和事物的行为模式。

（2）当父母发现自己的孩子是一个好奇宝宝的时候，就需要顺势而为，而不是处处打压。我曾经看到一位妈妈暴打自己孩子的手，一边打，一边骂，"和你说了多少遍，你就是不听，这些东西这么脏，你为什么总是要去捡呢，打烂你的手"。这样的打压，反而会让好奇宝宝对父母不允许摸的东西更加想去摸，哪怕是地上的脏东西，因为他好奇呀，当孩子的好奇心得不到满足，就会一直好奇。

（3）孩子成长过程中，父母的身份角色是需要不断变化调整的，婴幼儿的时候做好保姆的角色，幼儿期做好示范角色，儿童期做好训练者，青少年期做好教练者，青春期做好导师，成年期做好唤醒者。孩子已经进入青少年期你还是做一个保姆的角色，无法与孩子进行精神高度的交流，无法培养出孩子的闪光点，让好奇宝宝在好奇中发现事物、探索事物，从探索中学习和反思，举一反三地引导孩子深度对话。就拿上面的案例来说，妈妈可以和孩子探讨：宝贝，你发现了什么？看见了什么？你觉得它是从哪里来的，去往哪里呢？你还可以从另外一个角度来描述吗？有没有什么好方法，既能够捡起这个东西，又不弄脏你的手呢？

在孩子不同的年龄，父母使用不同的身份角色来养育自己的孩子，这些身份角色的智慧就是父母具备与孩子深度对话的能力。父母的学习示范也是孩子学习的榜样。

那么，对于有广度没有深度的孩子如何启发呢？

（1）一问一答对话。当有广度的孩子在和你对话的时候，他们很善于表达，乐于表达，在引导的时候，父母要用：然后呢……然后呢……然后呢……结果呢。

这里的第一个然后呢，让孩子充分地去倾诉和表达，第二个然后呢，让孩子通过自己不停地说，统整自己想说的全部内容，第三个然后呢，补充之前遗忘的部分，尽可能全部说出来，最后一个结果是关键点，让孩子为自己的表述进行收尾。这样的语言陈述方式才是最完整的语言表达，通过这样的长期练习，孩子有广度的思维就变成了有开始有结束的闭环深度思维。

（2）落地练习。有思维广度的孩子开始表达的时候，有时候特别有天马行空般的创意，稀奇古怪的想法，甚至能透视未来。这个时候父母主动去评价反而会影响孩子的发挥，不如问问孩子，你这个想法特别有创意，我们非常欣赏，不过我们有一个好奇的问题想要请教你一下，这样好的想法和创意，你打算如何去实现呢？此刻孩子的思维跟随着父母的引导，就会从我在说变成我想做的逻辑，启动孩子的智慧，把这个想法变成现实，当然，在这个过程中，孩子会发现自己的想法是否能够变成现实。

能不能成为现实不重要，重要的是在这个过程中，潜移默化地培养出孩子既有广度的想象力，又有深度的思维力。在把梦想变成现实的过程中，孩子知道自己该怎么去一步步去实践。

（3）三点思维。有广度的孩子看到的问题，表达的内容一般都比较浅，停留在表面意义的理解，有时候会根据字面的意思去解释，在实现的过程中，一定会遇到各种各样的困难，如何来解决这些困难呢？不是父母直接告诉孩子，而是用三点思维来培养孩子和提升孩子的思维层次。

当孩子知道这个重要观念的时候，父母就可以用三点思维来帮助孩子提升思维的层次。

第一点，通过这件事情你获得了什么新的收获？

第二点，之前你是如何处理的，和今天有什么不同呢？

第三点，当下一次发生同样事情的时候，你又打算如何处理呢？

这样深度的思维练习，帮助孩子知其然知其所以然，这样一个个问题点之间有了联系，在学习上各学科之间也有了联系。

（4）体验进步。当孩子通过父母用以上的三个方法花时间训练之后，一定会在表达上、思维上、效果上有很大的进步。父母也一次次让孩子体验到进步的喜悦，让孩子体验成功的经验，这样最大限度地把孩子的自信心提上一格。自信心一旦提上，内在学习的动力、探索学习的乐趣就会被激活。

作为父母也需要时刻保持学习的态度，从书本上学，从生活中学，购买育儿线上线下课程，请教家庭教育专业人士，从知道现象到探究事物的本质，用以身作则让孩子认识到学习是一辈子的事情，而不是一阵子的事情。当父母变得有广度也有深度的时候，孩子自然也就有广度和深度了。

一问都懂，一考全错，怎么办？

为人父母是最难的工作之一。

——弗洛伊德

小天妈妈特别重视小天的学习，从幼儿园大班开始，阅读、口算、写字，一个都没有落下，妈妈对于小天顺利进入一年级，信心满满，对于小天的学习和成绩也很有信心。

然而，当小天进入二年级之后，小天妈妈却发现老师讲的内容小天说都懂，可是，每一次考试的时候，小天却在一些简单的题目上全错了。

究竟是什么原因导致了这样的情况呢？我和妈妈一起对小天的学习情况进行一次全面综合的分析，从提取信息到作业情况、教育方式详细做了记录，分析出以下几点原因：

1. 重量不重质

看起来，从小到大，小天妈妈一直要求孩子各种学习，但是填鸭式的学习并没有让小天对于学习的内容进行深刻理解，特别在阅读理解方面，很多文字表达，小天只知道表面的意思，更多的字组合在一起，就不知道是什么意思了。有时候小天只是想完成妈妈布置的作业，就可以赶紧和小伙伴一起去玩了。

2.孩子的性格特点

小天的性格也比较急躁和毛躁，有的时候题目才看了一半，就急急忙忙去写答案，往往最后一步写答案都写错了。有的时候，老师在课堂上讲的内容，有的地方小天提前学了一些，遇到这种情况的时候，小天就不认真听课了。在考试的时候有试卷题目给出的要素，和最后问的问题可能是不一样的，平时的练习都是单项练习，考试的时候都是综合性的题目，出错率高就在所难免。

后来在聊天的时候发现，小天妈妈和爸爸性格中都有一些毛躁和急躁，父母是孩子的一面镜子，孩子的行为源自模仿身边重要的人。

3.感觉统合失调

小天是一个剖腹产的孩子，剖腹产的孩子先天前庭觉失调，在收集信息的时候大脑收集处理信息的速度会慢一些，会遗漏很多这样的信息内容，特别是在学校课堂上课的时候，每一天老师讲的书本上的内容，从早到晚知识量比较多，一旦遗漏就会造成知识与知识之间的失联。

果然，从小天的测评报告上看到小天的前庭觉亮着红黄灯，说明小天的前庭觉目前是失调的状态，而对于孩子身体发展的感觉统合的专业知识，妈妈一点都不了解，有时候，妈妈生气的时候就会责怪小天上课不认真听讲。事实上，小天已经很努力在听讲，但是老师讲课的速度，远远要比小天吸收知识的速度要快得多，小天是心有余而力不足。

4.妈妈的情绪管理

妈妈一开始的时候，对于小天的失误还可以理解，开始当小天一而再再而三地犯这样错误的时候，老师就会给妈妈打电话，发信息，当妈妈接到老师的反馈，又气又急，对小天说话的语气和态度就越来越烦躁，有时候妈妈看到小天会莫名恼怒，情绪激动，妈妈受不了就会和爸爸发脾气，爸爸妈妈有时候一起向小天发火，把大量不满的情绪砸向小天，父母越急，孩子越差。

小天看到爸爸妈妈为了自己的成绩着急上火，自己对于学习也是一点自信心也没有，越是对学习不上心，上课各种开小差，不认真听讲，课后作业完成的质量是越来越差，开始有一种破罐子破摔的苗头，亲子关系也剑拔弩张。

5.小天的情绪感受

小天内心是想要把学习学好的，也很愿意认真听课学习，只是现在因为在学习上受到了打击和挫折，没有人能够理解他，能够帮助他，内心特别无助，而且因为小天的身体感觉统合的失调和心理上受到了创伤，在身心无法统一的情况下，就会无法集中精力静下心来学习，对于来自学习的挫败感，让小天的自信心受到重创。

小天妈妈调整的小锦囊：

首先，特别需要父母给予理解和支持，特别是在一二年级，孩子的心智年龄偏小，也是活泼好动爱玩的阶段，孩子的自律和自控力还需要外界监督和帮助。

其次，分析出孩子出现目前行为问题表面和深度的原因，每一个孩子负面行为背后都是有原因的，这个原因就需要父母有一双慧眼能够看见，积极正面地指导孩子回归到正确的学习路上。

最后，用科学正确的方法带领孩子一步步走上无限潜能的学习之路，如果父母觉得自己能力不够，就可以请一些专业家庭教育人士帮助。

根据上面的分析，我给妈妈们提供了以下解决方案：

（1）复盘法。小天每天回来后，把学习的内容给妈妈讲解一遍，讲得越流利顺畅越说明小天听明白了，反之，有些内容不熟练，妈妈和小天加强这些知识的复习、练习和巩固。也可以用一些图画画出知识重点，这种图画无须有绘画技巧，只要孩子能看懂，哪怕是一些标记也是可以的。

（2）点读法。遇到题目比较长的，在阅读的时候，用手指指着这些题目，平时练习时间允许的情况下，先阅读三遍之后，慢慢调整到默读题目，再写出答案。平时加入每天5分钟早晨和晚上的自主阅读，大声朗读段落，读的次数多了理解文字的能力就可以得到锻炼和提升。

（3）前庭觉训练。妈妈每天在家里和孩子一起进行前庭觉刺激的感统训练，比如，蹦床、滑滑梯、跳绳、投球等，通过每天定时定量的训练，还可以在家里做一些专注力的训练，让小天的大脑与身体的协调能力越来越灵活。

（4）情绪管理。妈妈管理住自己的情绪，每天通过书写情绪日记，识别自己的情绪，接纳自己的情绪，转换自己的情绪。情绪是一种能量，也是会传染的，每一天妈妈需要保持情绪稳定和小天进行交流，也可以请小天在妈妈情绪快要失控的时候用无言的信号提醒妈妈，监督妈妈做好自己的情绪管理。妈妈情绪好了，小天的情绪也会稳定，更加能够安心去学习。

（5）修复自信心。一个人拥有了自信心就能做好所有的事情，我帮助小天做了一次小物件管理的心理咨询，让小天看见自己可以做到的地方，自己优秀的地方，虽然会因为失误而犯错误，但是错误正是学习的好机会呀。建立良好正向积极的亲子关系，父母多多鼓励小天，每天发现小天的一个优点并及时反馈给孩子。

在孩子学龄前的时候，很多父母希望给孩子一个愉快的童年，会让孩子各种玩耍，这也是无可厚非的。学龄前孩子在幼儿园里也是快快乐乐地成长，没有作业的烦恼，没有分数的对比。

当孩子进入小学阶段的时候，有的父母发现孩子在学习上出现这样和那样问题的时候，就开始着急了，忙着找各种方法来解决孩子的学习问题，上各种辅导班，这些都是治标不治本，因为孩子最好的老师就是父母。

孩子遇到各种问题都只是暂时的，父母在保持孩子心理健康和情绪平衡方面起着至关重要的作用，只有当父母具备养育知识，稳定的情绪，孩子才能健康幸福地成长。

1个方法,开启多元智能配合

阅读是让孩子"静下心来"深入看世界,它是孩子智力发展的无限延展。

——洪兰

孩子成长必备三件套:游戏、运动和阅读。

学龄前儿童的阅读,已经被越来越多的父母开始重视了,那么,是不是只要孩子拿着绘本读就可以呢?

经常会收到妈妈微信问我,孩子什么时候开始阅读?

我的回答是:在妈妈肚子里时就可以开始。

孩子的阅读,从听书、亲子陪伴阅读,到自主阅读,开始得越早越好,最早可以在妈妈的肚子里,就可以开始听爸爸妈妈的声音啦。宝宝在妈妈肚子里,3个月的时候就可以听出妈妈爸爸的声音,爸爸妈妈每天对着肚子讲故事,说话聊天,坚持做胎教的父母一定会深有体会的,孩子一出生的时候,会对爸爸妈妈的声音自动辨识。

亲子阅读是由爸爸妈妈给孩子读绘本故事,孩子只需要听就可以，晚上睡觉前的读书时光是父母和孩子期待的小美好。亲子阅读可以增加亲子关系，各类故事都可以刺激孩子的大脑发育，丰富孩子的想象力。

现在也有一些妈妈会来咨询我一个问题：我的孩子不愿意亲子阅读，总是不能安静地坐下来听我读绘本，怎么办呢？

这里要给大家介绍一个亲子阅读方法：**适性阅读**。

什么是适性阅读呢？就是根据每一个孩子不同的性格特点来引导孩子的阅读，这里有一个细节要注意，父母不仅要了解自己的性格特点，还要了解孩子的先天气质，这样在陪伴孩子亲子阅读的时候就能做到适性阅读。

孩子的先天气质分为九大向度：

（1）活动量：好动还是好静。

（2）规律性：规律强还是规律弱。

（3）趋避性：爱交流还是爱躲避。

（4）适应度：适应快还是适应慢。

（5）反应强度：反应大还是反应小。

（6）情绪本质：爱笑还是爱哭。

（7）坚持度：坚持到底还是三分钟热度。

（8）注意力分散度：注意力高还是注意力低。

（9）反应阈值：风吹就动还是坚定如山。

每一个孩子的气质都是独一无二的，每一个父母的气质也是独一无二的，不同气质的父母和孩子在一起，就会谱出不同的交响曲。

每一个孩子都是未来的人才，每一个孩子都是家庭的希望，国家民族的未来，作为父母需要培养出适应各种情境、解决各种问题、情绪稳定的未来公民。

有了这个长远的目标，就能在培养孩子的时候有更多确定性，而一个孩子能否成为对家庭、对社会、对国家有用的人才，与孩子八大智能的发展有着密不可分的联系。

语言智能发展是八大智能之首，语言发展的顺序就是听、说、读、写，听又与孩子的耳朵、大脑有关联。在生活中，有的孩子说话滔滔不绝，有的孩子说话结结巴巴，有的孩子说话啰啰嗦嗦，这些都是因为语言智能的差异导致的。语言是思想的载体，语言智能的开发影响着孩子思维的表达、思维的发展。

父母如何引导孩子适应阅读？

外向父母VS外向孩子，这对组合是一个开心活泼好动的快乐组合，父母讲绘本故事的时候表情丰富，语言生动有趣，声音高低起伏，最后父母和孩子会在一个愉快轻松的氛围中边读边玩。

盲点在于，外向父母和外向孩子的坚持度不高，耐心不够，很容易三分钟热度，父母和孩子特别容易被外界的事物所干扰和影响。兴致勃勃地开始，一片狼藉地结束，而且外向父母与外向孩子的情绪都比较容易激动。

这对组合在适性阅读方面要求父母强化练习自己倾听的能力，因为外向的人是非常擅长说话的，父母和孩子都要说话，父母要当孩子的耳朵，可能孩子说的天马行空，被倾听是满足孩子的表达需求，在阅读绘本的时候，刻意引导孩子观察细小的地方，如封面、扉页、最后一页、绘本上面有趣的细节等，练习孩子的细致细心，通过好奇的问题，引导孩子深度思考，提升情绪管理的能力，示范正确的情绪管理。允许孩子不按照自己的指令进行阅读，允许孩子一边听一边跑。

外向父母VS内向孩子，这对组合相互不了解的时候就是魔鬼组合，外向父母看内向孩子，怎么看都是全身的毛病，这也不对，那也不对，外向父母热情洋溢地对内向的孩子讲绘本，但是内向的孩子更多的时候是一言不发，沉浸在自己的精神世界里，提出的问题往往和外向的父母完全不搭边，搞的双方都很崩溃，结果就是孩子很委屈，父母很无奈。

这对组合父母需要接纳孩子与你的不一样，允许孩子按照自己的节奏去阅读，一本书可能需要读很多遍，你的问题孩子需要思考一下才会回答。因为孩子考虑问题比较全面，问题比较多，他们想清楚才会表达。父母耐心等待孩子读绘本的进度，不急不躁，想象一下，自己是牵着一个小蜗牛在读书哦！引导孩子多多表达对绘本故事的想法和感受，慢慢孩子就会越来越爱说，越来越会说。孩子说的时候，父母用赞许的眼神，点头表示认同。

内向父母VS外向孩子，这对组合对于父母来说挑战是非常大的，因为内向父母喜欢安静，喜欢独处，做事情就要安安静静是他们的一贯行为风格，而外向的孩子正好与父母的风格完全相反，活泼、好动、坐不住，这些都会让内向的父母身心疲惫，阅读绘本的时候因为孩子无法安静地坐下来，有的父母就给孩子贴上了一个不爱看书的标签，这只是父母对自己的孩子不够了解而已。

这组父母可以告诉自己，喜欢安静是你自己的需求，感谢老天爷，送给你一个与你不同的孩子来和你一起成长，其实你和孩子在一起特别互补，用你的优势部分去弥补孩子盲点的部分，是最佳成长拍档。发挥你倾听者的特长，内心不设限，期待孩子说出和你不一样的话语，看到孩子与你不一样的地方，爱他如他是，而不是如你是。

内向父母VS内向孩子，这对组合彼此都是安静的，对于阅读这样就很好呀，而阅读除了输入以外，还要有一个输出表达的环节，想要把书的内容内化到孩子的大脑、心里，是需要和孩子相互讨论的，心里什么都懂，但是表达的时候说不出来，对于内向的孩子来说是比较吃亏的事情，他们对于绘本中细致的观察、敏锐的感受，在一本本的绘本适性阅读中，可以得到更大更全面的开发，大量鼓励孩子去表达，让孩子的八大智能同时开花。

这组安静的组合，需要来点动力来补充，在阅读过程中添加更多的肢体运动，更多的语言、动作和表情，添加更多的亲子互动，后天的成长环境对孩子的发展是至关重要的，当父母改变了孩子的学习环境，孩子就会随之发生变化。生活是那么有趣，做一个有趣的快乐的父母才能养育出快乐的孩子，在适性阅读绘本时就可以发掘父母更多的潜力。因为我们深爱自己的孩子，愿意为他们做一切的事情。

在此特别强调一遍，每一个孩子的性格没有好坏，只有不同，每一个孩子都是独一无二的存在。父母的认知度，影响孩子的人生之路，适性阅读可以开发出孩子更多的可能性。

如何了解孩子的天生气质呢？父母一定认为自己的孩子天天在自己的身边，应该是了然于胸吧，事实上不是这样的，在我接待的个案中，很多父母对于自己孩子的先天气质并不是非常了解，哪怕像我这样专业的人，也是会看错的。

有一次一个妈妈带着一个孩子来工作室，想了解一下孩子的先天气质，我观察到妈妈比较内向，孩子也很内向，可是，当我看到孩子的测评报告的时候，大吃一惊，孩子的先天气质与我们眼睛观察的完全相反。先天气质有一个隔代遗传，这孩子从小到大都是奶奶带大的，奶奶的性格偏外向。为什么这孩子看起来比较内向呢？妈妈营造的教育环境就是从小带着孩子去书店看书，从小培养孩子大量阅读，妈妈性格喜安静，孩子也就越来越安静了。

在了解孩子的先天气质之后，在适性阅读里，既让孩子满足先天气质所需要的部分，又去开发未被开发的部分，讲道理不如讲故事，让孩子在阅读里，全面发展自己的潜能。

| 四种不同的学习模式

学习要有三心，一信心，二决心，三恒心。

——陈景润

每一个孩子都有自己的先天气质和性格特点，每一个家庭都有不一样的环境氛围，孩子从一出生就进入了学习模式，幼儿园、小学、初中、高中、大学，到成年工作之后，都离不开学习。当孩子渐渐长大，学习能力的培养对孩子来说非常重要。

孩子的学习模式分为四种：安乐型、慢吞吞型、磨娘精型、中间便易型。

学习模式一——安乐型：如果你的孩子是一个安乐型的孩子，在学习时重点掌握的部分会比较弱。他全盘吸收，好像都懂了，其实并不是，因此在孩子的学习过程中一定要记得，用问话的方式协助思考，就会让他能够有抓重点的能力。

这样的孩子在学习中，有广度，没有深度，只知其然不知其所以然，看似学了很多，什么都会，一到考试的时候，一个单元的知识点考试还是可以的，把单元中的知识点串联起来的时候，就是各种错。小学三年级之前，还可以应付各种测验，越到高年级，甚至初高中的时候，学习难度越来越大，无法把分散的知识统整起来达到融会贯通，就会出现学习比较困难的情况，学习成绩也会跟不上。

学习模式二——慢吞吞型：这样的孩子注意力分散度比较高，坚持度低，他们在做很多事情的时候，没有办法专注在一件事情上，长久性的注意也比较弱。在学习模式上带给他的解决方案就是提升学习的成效。

对于注意力比较分散，坚持度低的孩子，在身体发育阶段如果足够重视，把身体发育调整好，能够助力孩子的学习模式。但是很多父母在孩子小的时候，问题刚出现的时候，总是以为孩子小，可能长大了就好了，延误了这些身体发育的关键期，父母的重点只关注孩子的学习能力，殊不知孩子的身体发育是为学习发展做准备的。

孩子自己也特别想把学习学好，但在现实中出现各种困难和阻碍，父母不能及时理解孩子的负面感受和正面目标，会让孩子的注意力都聚集在自己做得不好，不如父母所愿的地方，孩子会对自己失望，越是注意力分散，坚持度越低，反而更多陷入自己负面的情绪中消耗自己的精力，学习对于慢吞吞的孩子来说，就像是一座无法逾越的大山。有的孩子到最后就彻底自暴自弃，放弃了对学习的兴趣和热情。

学习模式三——磨娘精型：磨娘精型指的就是孩子坚持度很高，但很多东西他就比较难改变，就容易一条道走到黑。这样的孩子，如果他过去的学习行为习惯是好的，他就一直好下去，不好的就一直不好下去。所以磨娘精型就有两种情况，要么就很好，要么就很不好。有时候比如说做题目，他想解决这个问题，一定要解决掉，他才能往下走。

孩子在个性上有着倔强的性格，对于周围的情境刺激表现得极为敏感，会快速采取行动，习惯与他人进行比较，因为敏感反应过度会陷入负面情绪焦虑不安中，学习目标定得太高，达不到预期的成果，容易对自己丧失信心。

同时，又因为固执的一面，能够坚持到底，学习任何困难的科目，有一股追根挖底的学习态度，一旦制订学习计划和目标，哪怕是错误的，也很难变通，在学习中遇到难题容易执着，而停滞不前消耗过多的时间。

小轩是初一的孩子，每一次考试都觉得自己时间不够用，经过我和他的咨询聊天发现，每一次考试，当小轩遇到难题的时候，就一定要做完这道题目，才愿意继续往下做，导致考试时间不够，明明会做的题目也没有时间去做了，最后考试的成绩就不理想，一想到考试就会莫名地紧张和害怕。严重的时候，考试完了以为自己考得不好，都不敢去学校。

后来通过调整，小轩在考试中学会了从简单的开始做，遇到难题，不会做的先放一放，把会做的题目先做完，最后再来解决最难的题目，反而难题也能够解答出来了。

学习模式四——中间偏易型：中间偏易型就是介于安乐型跟慢吞吞型之间的学习行为模式。

所有的学习行为模式，就是能够让孩子的父母及主要照顾者了解孩子的学习模式，让他们知道怎么样协助孩子调整得更好，让孩子的学习成效更好，这才是学习行为模式的意义。

要想孩子学习好，还要了解孩子四种不同的学习风格。

学习风格一——精熟型：这类孩子吸收信息迅速，喜欢边做边想，精力充沛，充满好奇，喜欢新的信息，擅长关注当下，逻辑性思考，做事务实，对于事物重视意义和效率，做事通常以目标为导向，喜欢动手实干，想到什么就立刻去做，对于未来潜在的可能性，容易持怀疑的态度，特别容易坚持自己的观点。

学习风格二——理解型：这类孩子收到信息，善于分析、研究、批判思考，对外部信息比较敏感，容易受情绪影响，喜欢做自我内在争辩，坚持用自己的想法揣摩别人的意图，造成自己内心的焦虑和恐惧，形成自我保护，经常会刻意扮演"理性唱反调"的角色。

学习风格三——注重人际型：这类孩子接受到信息，重视自己内在实际的感受，需要提供详细和完整的信息，只吸收自己认同的信息，不喜欢被外界信息左右，倾向于自己爱做与该做的事，善于学习自己喜欢的事物，喜欢面面俱到，尽善尽美，按照自己的想法一个步骤一个步骤去完成，在实践中学习，却不善于人际互动。

学习风格四——自我表达型： 这类孩子接收到信息，展开天马行空的想象力，敏感，洞察力很强，在自己熟悉的领域会持续专研，喜欢深度思考和深度学习，把事情做到完美极致。容易用自己以为的想法认为也是他人的想法，造成自己大量内在的情绪，容易引起自我内耗，对未知的人事物则容易产生过度焦虑担忧，而无法向前。

四种学习风格与四种学习模式之间也是相辅相成的关联，无论孩子是哪一种学习风格和学习模式，都需要尊重孩子，接纳孩子，顺应孩子，因材施教调教孩子的学习风格和学习模式，给予孩子适合的学习风格和学习环境，帮助孩子营造适合的学习模式。让孩子在收到外界信息的同时保持感觉良好，并在吸收处理信息的过程中，让孩子发挥自己的独特学习优势，从而轻松高效地完成学习，提高孩子的学习效率和学习成果。

送给父母四个小锦囊：

第一个锦囊： 先要了解孩子的学习模式和学习风格，每一个孩子都有独一无二的大脑，先了解孩子才能提供适合孩子的学习环境，帮助孩子调整学习行为模式和学习风格，让孩子发挥自己先天的独特学习优势。

第二个锦囊：孩子感觉好，才能做得好，无论是成人还是孩子都一样受用。这里的感觉就是情绪感受，一个孩子情绪感受是正向的，想法和行为就是正向的，正向的情绪激发正向的行为。而一个孩子的情绪感受是负向的，就会出现负向的情绪和想法，继而行为也是负向的。情绪感受就会影响到学习动机，就会觉得没有意义，没有前途，没有前进的动力，即便是给再多的学习方法，对于孩子来说也是没有用的。这也是为什么有的孩子学校里也学习，辅导班也学习，但是学习效率没有一点变化。

第三个锦囊：激发出孩子对于学习的正向价值，激发孩子内心的力量，而不是外在的物质奖励。有的父母会用金钱奖励孩子，你考得好我奖励你多少钱。有的父母用旅行奖励，你考得好，爸爸妈妈就带你出去旅行。有的父母用电子产品作为奖励，你考得好就给你买平板和手机。孩子会发现，原来可以用学习掌控我的父母，有的孩子趁机会和父母讨价还价，开始一场学习的交易。孩子用学习来和父母胡搅蛮缠，学习不是为了我自己，是父母要我学的，不是我要学的。

父母要做的是把学习的责任还给孩子，从心底相信孩子，用正面积极的语言鼓励孩子，让孩子学会自律和努力。

第四个锦囊：父母无条件的爱，父母爱自己的孩子，和孩子考多少分，本质上是两件事情，千万不要混为一谈。一旦父母把这两件事情搅和在一起，那么孩子就会感受到，我的父母爱的不是真正的我,而是那个学习成绩好的我。

无论孩子考了多少分回家,父母都要张开双臂欢迎孩子,让孩子感受到父母对自己的支持和理解,孩子在学习上遇到困难只是暂时的,也是很正常的,父母只需要用无条件的爱,让孩子在学习上拥有再次出发的勇气和力量。

| 1个测评，探测孩子学习力的地基

学习这件事情不在乎有没有人教你，更重要的是你自己有没有觉悟和恒心。

——法布尔

孩子学习力的地基是什么呢？

万丈高楼平地起，地基的稳固和牢固也决定高楼的高度，同样的道理，孩子的学习能力也有3个稳固的地基。

第一，满足身体及活动需求

孩子的学习也是需要精力的，精力旺盛的孩子，身体机能也充足，在学校里一天的学习要能够保证精力的充沛。对于活动量大的孩子来说，游戏玩耍运动是他们最喜欢的项目，对于活动量小的孩子也要顺势而为地给予他们活动的机会和项目。孩子无论是上幼儿园、小学、初中、高中、大学，有一个健康的身体都是基本的要求。当孩子身体处于发育旺盛的阶段时，需要充沛的食物营养与充分的睡眠保证，当身心超负荷，就容易引起慢性疲劳综合症，出

现头昏、头疼、注意力不集中、记忆力减退、脾气暴躁、情绪低落、粗心大意，无法静下心来学习，整个人萎靡不振。

第二，满足不同气质的需求

不同气质的孩子在学习上的特点和方法也是不一样的，根据孩子不同的气质特点，满足孩子的安全感和自尊心，给予孩子关爱。每一个孩子都在追求归属感和价值感，这是无法用语言表达的，但是孩子却能感受到，也是影响孩子一生的两种感觉，在学习力的地基里，这也是在满足孩子生存和安全的基础上，才能产生出自信、自律、自强不息的品质。

第三，满足学习能力的发展

好奇心是一个孩子学习的源动力，只有激发出好奇心，孩子才想要去探索、去挖掘，积累了成功经验，就能产生我能行的信念，就会在学业上、生活上，产生成就感，内心就会有源源不断的内动力。

孩子在小的时候提出稀奇古怪的问题，有的父母不断地否定，不停地说不可以，或者回答问题的时候总是敷衍了事，长久以往，会让孩子觉得很无趣，渐渐地孩子就丧失了好奇心，对事物失去了兴趣，不愿意再去深度探索。在学习上只会人云亦云，对于学业知识只知晓一些皮毛，学科之间的连续也不轻易专研。

有的父母逢人便说，我对孩子没有什么过高的期望，及格就好，健康就好，快乐就好，如此反复重复，也是在不断暗示孩子，你可以随便学习，你对学习不擅长。可是，当孩子分数垫底的时候，父母自己的面子就挂不住，又开始焦虑不安。

孩子的成就感源于每一个成功的体验，当孩子做得对，做得好的时候，父母是如何反馈孩子的行为的呢？有的父母觉得孩子做得对，做得好都是应该的，做得不好的时候就会不停地指责和批评，所谓这样的激烈方法只会让孩子越来越体验不到成功的喜悦感、体验不到成就感。

让孩子体验成功的成就感就是在孩子做对事情的时候，给孩子鼓掌，给孩子点赞，请教式地询问孩子你是怎么做到的呀？

当孩子的生理及活动需求得到了满足，根据不同的气质特点满足孩子被爱和被关怀，有了安全感和归属感，孩子就拥有了自信和自尊，孩子就会产生好奇心，就会产生学习的欲望，孩子就能不断体验到成功的喜悦。有了这些强大的地基，孩子就会有强大的学习内动力。

以上地基牢牢夯实之后，了解孩子的学习动机、学习感受、学习方法，就能帮助孩子在学习上大步前进。

第五章

优势养育,助孩子成为更好的自己

提升优势,强化弱势

孩子身上存在缺点不可怕,可怕的是作为孩子人生路上的引路人的父母缺乏正确的家教观念和教子方法。

——珍妮·艾里姆

每一个孩子从一出生就是独一无二的个体,每一个孩子的先天气质、生理发展、智能发展也是各不相同的,正如一个人的手指伸出来虽然会有长有短,但是却各有用处。在培养孩子的过程中,可以用提升孩子的优势,强化孩子的弱势,来全面均衡地塑造孩子未来所需要的各项综合能力。

每一个孩子成长中都需要被鼓励和被肯定,在生活中有的父母在教育孩子的时候,容易忽视孩子的长处,只习惯性看到孩子的短处,父母不停地提醒孩子做得不好的部分,而孩子擅长的做得好的部分却只字不提,这样的教育方法不仅无法强化孩子的优势,更无法提升孩子的弱势,更不利于培养孩子的自信心。

有的父母能看到孩子擅长的部分就去刻意培养长处,孩子不擅长的部分就决定放弃培养,这样的观念和做法也是不正确的。

每一个孩子都具有很大的潜力，而未来需要的是全方面发展的人才，所以需要全方面挖潜和培养，以便让孩子在未来能够拥有适应各种情景及解决各种问题的能力。

提升优势：了解优势，发现优势，反馈优势

父母可以借助科学的测评来全方面地了解孩子的优势部分。

看见优势，但不是意味着孩子的优势就是永远存在的。古时候伤仲永的故事，想必大家都是知道的。要想持续保持孩子的优势部分，也是需要父母不断刻意去开发、去启发的。

孩子的优势部分可能会是孩子感兴趣的点，比如，安静的孩子爱独处，活泼的孩子爱互动、爱表达。兴趣爱好是孩子最好的老师，通过兴趣点激发孩子的求知欲，父母经常把孩子优势的部分用积极正面和鼓励的语言反馈给孩子，让孩子自己也知道这是自己优势的一部分，这样就可以让孩子长期保持自己的优势部分，对自己产生充分的自信心。

强化弱势：看见弱势，理解弱势，潜移默化

对于一个人不擅长的部分，每一个人都会恐惧、担忧、焦虑，甚至想要逃离和放弃。有的父母会提出这样的疑问：那么孩子不擅长的部分是不是就放弃培养呢？答案是否定的，越是孩子不擅长的部分，越是要刻意训练出孩子的能力。

有个理论叫"木桶理论",木桶原理是由美国管理学家彼得提出的,木桶原理又称短板理论,木桶短板理论的核心内容为:一只木桶盛水的多少,并不取决于桶壁上最高的那块木块,而恰恰取决于桶壁上最短的那块。

一个孩子在成年之后能取得多大的成就,与三大部分发展有一定的关联:第一是生理发展,第二是性格特质,第三是学习能力。我给大量的孩子做过三大部分的测评报告,越早让父母看见孩子三大部分的发展趋势,越早知道孩子各项生理和气质,智能发展的情况,为孩子全方位发展打下夯实的基础。

父母要做一个有智慧的人,学会运用在生活中的各种场景,为孩子提供提升优势、强化弱势的成长机会。这一个个的日常小机会,是父母和孩子一起来成长,允许孩子在各种真实情景中学习和练习。

我接待过一个青春期孩子的个案咨询,父母主观性非常强,一切以目标为导向,孩子虽然已经上高中了,但是行为和思维却很幼稚,情绪特别容易失控。

父母特别希望孩子能够一帆风顺地长大,所以无论发生什么事情,父母都是第一时间冲在前面,替孩子扫清各种障碍,把自己的三观一而再再而三地强行灌输给孩子。

有一次孩子在学校与同学发生了冲突,孩子始终想不通,自己平时友善对待同学,为什么同学却这样对待他,为什么忽然之间所有人都对他这样不友好，为什么倒霉的人总是自己，导致他对自己产生严重的自我怀疑，对自己丧失了自信心，最后得了抑郁症，无法在学校继续上学。

在咨询中，我发现孩子是独生子，在家庭里衣食住行被父母照顾得特别周到和仔细，孩子也习惯了被父母照顾和安排，这里面最大的弱势就是独生子女的孩子从小没有与他人进行更多的互动交流，加上喜欢安静独处，有情绪时容易钻牛角尖，处理人际问题以自我为中心，一旦遇到与自己不同信念的人，事情与自己期待得不一样，就会产生激烈的矛盾。

本来这个孩子只是与自己班上的同学发生了碰撞，说一句"对不起"就可以解决的事情，因为当时孩子什么也没有说，导致同学的误会，结果被撞的同学情绪激烈，青春期孩子的小团体把事情演变的方向差点就变成了"校园霸凌"。

千万不要小看这一句"对不起"的力量，这里面包含着孩子主动承担自己错误行为的责任，包含对他人的善意，包含与他人互动中高情商的表现。人是活在关系中的，各种各样关系的处理也是孩子学习的一部分，特别是青春期的孩子。

青春期孩子同学关系的和谐也会让孩子在班级中获得归属感，内心安定才能静下心来学习。否则，复杂的情绪就是在内耗孩子的精力，整天浑浑噩噩，身心分离，人在课堂，心在神游。孩子自己也说不清、道不明、迷茫、彷徨，没有方向、没有目标，只是一个没有灵魂的躯体。

当矛盾冲突发生的时候，这个孩子一直沿用原有的模式，与他人互动的时候，也是用自己最弱势的部分与他人，与复杂的世界进行交互，结果当然会被撞得头破血流，伤痕累累。

而此时的父母，看到自己的孩子受伤了，情绪一定会出现波动，忍不住要来援助，本能想要帮助孩子扫清一切障碍，希望孩子再次回到开心快乐的状态中。

可是父母越是这样做，越是让孩子弱势的地方更加弱势，父母并没有提供机会让孩子共同参与这件事情的发展，没有让孩子勇敢地承担自己的责任部分，并从这件冲突事情中有所收获、有所成长。只有当孩子学会了处理这些事情的技能的时候，孩子最弱势的一项才能慢慢变成他的优势。

每一对父母要具备看见孩子优势和弱势的能力，这些能力也不是天生就会有的，也是需要后天不断学习和成长。父母看清自己的优势和弱势，才能看清孩子的优势和弱势，用心发现孩子成长中每一个进步，正面积极反馈给孩子，让孩子看见自己的微进步，再小的进步都值得为孩子欢欣雀跃，因为这每一小步都是在重新塑造新的孩子。

虽然有时候有的父母还是会忍不住替孩子做决定，希望孩子按照自己的意见来处理事情，无须自责、无须内疚、无须批评自己，看见就是一种进步，立刻停止也是一种进步。如果面对一件事情父母和孩子有不同的处理意见，父母可以第一时候带着尊重的态度去询问、去倾听孩子的想法和意见，允许孩子先按照自己的想法去实践，让孩子积极主动地去迈出这勇敢的一小步，这一步意味着孩子的进步，意味着孩子在逐渐转化自己的弱势部分。

父母的眼神就是孩子最好的舞台

没有父母的爱培养出来的人,往往是有缺陷的人。

——马卡连柯

你有多久没有看着孩子的眼睛说话了?

我曾经受邀去一家房地产公司做一场亲子活动的讲座,讲座过程中,我注意到台下一对母女,这位妈妈从一进门入座开始,习惯性从口袋里掏出了手机,眼睛至始至终都没有离开过手机的屏幕。在讲座结束自由活动时,女儿去了玩具区域玩耍,妈妈依旧埋头刷手机,其间女儿过来想和妈妈说话,妈妈盯着自己的手机屏幕对孩子说:你自己去那边玩,我在这里等着你。

看起来一个下午的亲子活动妈妈都是和孩子在一起,但是这样的亲子时光是否真的是有质量的呢?很显然,妈妈的眼睛和自己手中的手机显得更加亲密无间,而孩子更多的是独自一个人和游戏器械在一起玩,可是器械是不会说话的,不会表达的,没有那种人与人之间温情的感受,更加没有眼神的互动和语言的交流,孩子在一堆没有温度的器械里,是感觉不到被关注、被陪伴的，反而更多的是孤单和孤独。

在孩子的成长过程中，是最需要被父母所关注的，父母的眼神就是孩子最好的舞台，而这个最重要的小细节，却被很多父母忽视和遗忘。试想一下，当你在房间里看见孩子的时候，你的眼睛里有没有发光呢？

有一次我外出学习，课堂中做过一个眼神的互动游戏，两两一组，四目相对，有一个人用一张A4纸挡住自己眼睛以下的脸部部分，一次是带着笑意的眼神，一次是不带笑意的眼神，另外一个人只需要看着两种不同的眼神，去感受，然后相互分享自己的感受和想法。

当看到饱含笑意的眼神的时候，感受到的是开心、喜悦、期待、分享。

当看到没有笑意的眼神的时候，感受到的是冷漠、拒绝、沮丧、难过。

当看到眼中含有笑意的时候，看的人心情放松也会跟着一起微笑起来，觉得安全感满满的，觉得两个人之间相处融洽，特别想彼此分享。而当看到眼中没有笑意的时候，看的人心情紧张，担忧，害怕，不知所措，觉得两个人之间心隔千里远，什么也不想再说出来。

看着孩子的眼睛说话

在孩子成长过程中,父母的眼睛总是先看见的是自己家的孩子,无论是看照片、看视频、去班级,第一时间总是能用眼睛找寻自己家的孩子在哪里。

作为父母不知道有没有留意过你每一次看见自己的孩子的时候,特别是和孩子说话的时候,你会看着孩子的眼睛说话吗?

在一次个案咨询中,我和一位青春期孩子的妈妈做了一个这样的互动活动,一共有三次的角色扮演,我扮演妈妈,妈妈扮演自己的孩子,体会孩子的感受和想法,会做出怎么样的决定。

第一次,面无表情,当孩子(妈妈扮演)在和妈妈(我扮演)说话的时候,我的脸上没有任何表情。

孩子(妈妈扮演)说:我感到无助、害怕、紧张,我是不是不好,妈妈是不是不喜欢我。

第二次,不看孩子,当孩子(妈妈扮演)在和妈妈(我扮演)说话的时候,妈妈(我扮演)的眼神看左右旁边、看电视、看手机,就是不看孩子(妈妈扮演)。

孩子(妈妈扮演)说:我感到失望、着急、生气,在妈妈的眼睛里、心里,其他东西都比我还要重要,我是不重要的,我是没有人爱的。

第三次,看着孩子(妈妈扮演)的眼睛说话,当孩子(妈妈扮演）说话的时候，妈妈（我扮演）面露微笑，眼睛温柔看着孩子（妈妈扮演）。

孩子（妈妈扮演）说：我感到开心、喜悦、幸福，我的妈妈是爱我的，我是安全的，我是被爱的，我很快乐。

做完这个三轮的互动活动之后，妈妈坐在椅子上，垂下了眼帘，眼泪顺着脸庞无声地流了下来，她边哭边说她这些年都是用第一种、第二种对待孩子，从来没有用第三种眼神和表情看着孩子说话。怪不得，青春期孩子总是不停地问她：妈妈，你爱我吗？我真的是你的孩子吗？

我对这位妈妈说，以后只要孩子对你说话，请放下你手中的一切，看着孩子的眼睛对他说话，或者听他说话。

这份看见里不仅仅包含妈妈的眼睛看见孩子，还有妈妈的心里也看见孩子，带着温柔微笑的表情，看着孩子的眼睛，就是时刻在告诉孩子，亲爱的宝贝，我看见了你，我在看你，我一直在看你，你是我最重要的人，最爱的人。在我的眼睛里、我的耳朵里、我的心里都只有你。

当孩子从父母的眼睛里读出这份重要的信息的时候，孩子会感受到了重要性，这份重要性就会产生"我在妈妈心里是重要的"。我是有归属的，我的妈妈爸爸的心里有我的一席之地，我是最重要的，孩子一次一次在心里确认父母是最爱着自己的。在父母的眼神里完成了自我认知的重要课题，因为孩子小的时候，是通过主要养育者和父母的眼神里看见自己,并且确认自己是否是好的、是能干的、是优秀的、是自信的。

只有这样,孩子才会更加愿意和父母及时分享,共创良好、安全、信任、亲密的亲子关系。

观察孩子的眼睛信息

每一个孩子眼睛里的信息是不一样的,所以每一个孩子在遇到各种事情的时候,表达也是不相同的,父母在看见孩子的时候,通过观察孩子的眼睛、情绪反应,更好地发现孩子目前的状态,是开心的?是愤怒的?是哀伤的?是悲痛的?

眼睛是心灵的窗户,看一个人,听其言,观其眸,观察一个人,没有比观察他的眼睛更好的了。

孩子眼睛里的反应,也能反应出孩子的很多重要信息,最重要的就是情绪的信息变化,同样孩子也是从父母的眼睛里读出这些重要的情绪变化。

有一个幼儿园的孩子,因为情绪反应特别大,他的妈妈带他来到我的工作室,进门之前这个孩子先露出一个小脑袋,狡黠的眼睛往工作室里看呀看呀,发现我很和善就走进了工作室,过了一会儿因为一个玩具,他非要说是他的,开始大哭起来,一边哭一边把挡着眼睛的手指松开,一边偷偷地看向他的妈妈,因为之前我和妈妈说好,孩子在工作室出现任何情绪反应,都由我来处理,请妈妈配合不要插手和插话。

当孩子看到自己这样大哭,妈妈居然都不来哄自己的时候,哭得就更加厉害了,哭声很大,一边哭,一边眼睛不停地瞄向他的妈妈,妈妈坐在工作室的角落,一言不发。我对孩子说:你在我这里可以大声地哭,你哭够了再说话,我会坐在你身边陪着你。

孩子睁着那双大眼睛,在工作室里整整哭了10分钟,哭的声音时大时小,从坐着哭到躺着哭,时不时还要挤出一些眼泪,看到我一直平和而坚定地坐在他身边陪着,他的妈妈始终一言不发。

终于,孩子知道这样哭也没有用,用可怜兮兮的眼神看着我说:老师,我哭完了,现在好了。我说:你的意思是你可以在上课期间保管好这个玩具,你离开教室的时候把玩具还给我,对吗?

孩子一听这话,眼睛里闪烁着开心的光芒,忙点头称是,接着就看着我笑了起来,那笑容真的是发自内心的开心。

通过观察到孩子的眼睛可以看见孩子情绪反应,之后才能更好引导帮助孩子去疏导情绪和表达想法。在孩子各种倾诉中,父母积极正面和孩子进行交流,培养孩子的优秀品质和人生技能,学会管理自己的情绪和解决问题的能力。

用爱的眼神去鼓励孩子

不同的孩子,父母都可以用爱的眼神去鼓励。

"55387定律"是由美国心理学家和传播学家艾伯特·梅拉比安（Albert Mehrabian）提出的，最早是被用于职场培训，后来才应用到家庭教育当中。"55387"是一条人际沟通定律。在亲子沟通当中，55%是指一个人说话的态度、肢体语言、面部表情和动作等；38%是指说话的语气、口吻；7%就是说话的内容，即55%+38%+7%=100%。

一个人说话的态度、肢体语言、面部表情和动作、说话的语气和口吻，就决定了这个对话沟通是否是有效的。

这里面的55%和38%的部分决定了7%的内容，对于孩子来说，就是前两者比后者更加重要。当然不同性格的孩子有着不同的需求。

外向的孩子就特别需要和他人分享交流的机会，当他要说话的时候，此刻父母可以停下手中正在做的事情，让孩子把想说的话一股脑地说出来，小龄段的孩子，父母需要和孩子保持一致的高度，面带着微笑，看着孩子的眼睛，伴随启发式的提问，积极与孩子做出一问一答的回应。

哦，哦，哦，是这样呀。

然后呢，然后呢，然后呢，结果呢？

(小龄段到这里就可以了)

对于这件事情你的感受是什么？你的想法呢？

你打算怎么解决这个问题呢？

这么好的想法，你打算如何实现呢？

这件事情，你觉得做得好的是什么？还可以调整的是什么呢？

通过这样一系列完整的语句提醒，一系列深度问题的启发，鼓励孩子在遇到问题的时候，有情绪会分享、有思考、有行动、有反思、有内省，一步一步地培养出孩子更多的能力。

内向的孩子向来善于思考多过于行动，做事情之前，说话之前，会仔细全面地考虑清楚，好的方面，不好的方面，可是就是因为想得太多了，有时候想到的都是问题，反而在行动上就会畏手畏脚。父母观察到内向孩子的情绪反应，正是因为想太多，父母给予孩子更多信任的眼神、肯定的眼神、鼓励的眼神，看着孩子的眼睛说：暂时说不出，不想说，也没有关系，等你准备好了再开始说。也是需要鼓励孩子去表达，按照自己的想法小步去做。

你怎么了？可以和我说说吗？

哦，原来你是这样想的呀？

你还有什么好的想法和创意呢？

你觉得你要去做的第一步、第二步、第三步是什么呢？

就按照你说的第一步去行动吧。

父母的眼神中如果有颜色，那一定是红色，如果要有温度，85度刚刚好，同时也要有坚定，当一个人嘴角上扬的时候，嘴唇就会有一个迷人的弧度，这个弧度就是微笑，一度的微笑不露牙齿就可以啦，眼神中要有含情脉脉的温度，你对面的这个小人，是你一生中最爱的人啊，怎么看怎么喜欢呀，难道不是吗？父母的眼神温柔中带着信任的坚定，相信自己的孩子拥有无限可能的能力，让孩子在父母爱的眼神里，成为越来越优秀的人。

家有爱和安全感,建立一生的幸福感

孩童的两大主要需求是归属感和确认自己的重要性。

——珍·尼尔森

孩子出生在一个家庭中,能否健康幸福地成长,取决于这个家庭营造出的成长环境,来自父母无条件的爱和温暖的安全感,是一个孩子发展出一生可持续幸福力的两大基本要素。

一方面是无条件的爱。天下所有的父母都是深爱着自己的孩子,但是和孩子爱父母相比较,孩子对于父母更加能称得上是无条件的爱,因为很多时候,父母对于孩子的爱却有着很多的附加条件。

有一次,我在小区里散步,前面走着一对母女,一边走路,一边聊天,妈妈不停对着孩子说:宝贝,你要听话哦,妈妈去上班的时候,要听爷爷奶奶的话,去幼儿园的时候,要听老师的话,这样爸爸妈妈、爷爷奶奶才会喜欢你哦。孩子似懂非懂地点头表示知道了,紧紧地拉住了妈妈的双手。

我不知道此刻孩子内心真实的感受是什么?这句话的信息

里，却透露出这位妈妈非常爱自己的孩子，希望孩子能够做到听家中长辈的话。而弱小的孩子，为了得到父母的喜欢，一定会按照妈妈说的话去做，当爸爸妈妈不在家的时候，听爷爷奶奶的话，以此来获得爸爸妈妈对自己的喜欢。

当孩子一天天长大，拥有自己想法的时候，就会特别容易和长辈的想法发生矛盾，我到底是应该听爸爸妈妈的，还是爷爷奶奶的，还是听我自己的呢？这时候，孩子内心的纠结、内心的不满、内心的无助，又该如何去表达呢？到底是听自己内心的声音，还是继续听从长辈的话，来回拉扯就会消耗孩子的精力，孩子的想法来回游走，整天情绪不稳，无心学习。

父母爱子女是本能，但是如何去智慧地爱却是一种技能。这项技能是需要刻意学习的，父母无条件地爱孩子，是爱孩子本来的样子，是爱孩子不完美的样子，爱孩子就让孩子成为自己喜欢的样子。

另一方面是温暖的安全感。在我大量个案咨询的案例中，发现有一个共同点，来访者的孩子在家庭中都缺乏安全感。家庭关系中，有一个双向三角形的安全家庭关系，如果孩子在顶端，爸爸和妈妈各在一边，温暖的安全感来自爸爸妈妈稳定和谐的人际互动，爸爸妈妈之间温暖有爱，情绪稳定，双向情感的交互，这样的亲密关系安全连接会再次双向传递给孩子。当孩子接受到了这份带着双份爱的安全感之后，会回流给爸爸妈妈，这样的家庭亲子关系就是具有温馨、温暖的安全关系。这份来自家庭中的安全关系，也是保证孩子能够感受到满满安全感的前提条件。

有一位妈妈带着小女孩来找我，说她的女儿语言表达有问题，这样的行为表现是间断性的，为此带着孩子去了各大医院检查和治疗。通过和小女孩30分钟的聊天，我就发现爸爸妈妈在家里的亲密关系互动模式比较紧张，每当父母关系紧张的时候，女孩的语言表达就会出现障碍，爸爸和妈妈就会立刻停下争吵，一起带女孩子去医院看病。等女孩子情况稳定下来，爸爸妈妈之间积攒的不满就又开始新一轮的争吵，吵几天之后，就发现女孩的语言表达又开始出现问题，这样的疾病互动模式一直重复了3年多的时间，妈妈觉察到了这个问题，也发现爸爸妈妈之间对彼此有着很多的不满，这个女孩也显得超出自己年龄的懂事和乖巧，看着让妈妈特别心疼。

在不安全的家庭环境中长大的孩子，内心会缺乏自信，无助感会一直围绕着这个孩子，孩子的情绪大多数呈现负向，情绪容易失控，思维比较固化，行为凸显出极端，如果家庭关系特别紧张的情况下，有的孩子只能牺牲自己来维持这个家庭的稳定和谐。比如有的父母闹离婚，孩子就会出现身体不适的情况。

孩子的安全感来自外在的环境和内在的环境，外在的环境与家庭相关，内在与孩子心里的感受相关。当一个孩子哭闹的时候被妈妈抱在怀中就会特别安心和舒适。如果孩子感觉到不安全，紧张的氛围，就会哭闹不止，睡不安宁。

当孩子先天没有得到充足的安全感，在后天就需要父母用心去修复孩子的安全感，否则孩子到了上学的年纪，情绪上总是会莫名地惶恐不安、恐惧、焦虑。在行为上会表现出无心上学，没有学习的内在动力，心里很想好好学习，但是总是有心无力，不知道该怎么办，陷入深深的无力感、无助感。

我们可以通过以下两个方法来修复孩子的安全感，让孩子内心感受到安宁、安稳、踏实、放松。

第一个方法：外在安全感修复。父母给孩子提供一个安全的生存生活环境，无论是外向和内向的孩子都需要一个稳定的生活环境，有的孩子因为父母工作比较忙，甚至被父母寄宿在亲戚家、老师家，看起来父母为孩子寻得一个好的环境，殊不知这种寄人篱下的环境，始终让孩子感受不到安全感，一生都被没有归属的感觉笼罩着。

我遇到过一个孩子随着父母的工作调整，从幼儿园到小学就不停地更换学校，一年级就转了四所小学，孩子看人的眼神都是怯怯生生的，以至于后面一进入陌生环境，心里就会不由自主地害怕。还有一个孩子跨越了三个省市的幼儿园入园，这样频繁地更换孩子的生活和学习环境，会让孩子一到陌生环境心情就会莫名地紧张、害怕、恐惧。

修复安全感的第一步是要给孩子安排一个独立的房间，允许孩子按照自己的意愿去布置自己的房间，允许孩子锁自己的房门，父母在进孩子的房间之前敲敲门，得到孩子的同意才可以进入房间。

孩子的房间里允许孩子放着自己喜欢的玩偶，穿着自己喜欢的衣服玩耍和入睡，出门的时候也允许孩子可以带着喜欢的小玩偶，时刻陪伴孩子，满足孩子对安全感的需求。

还可以给孩子准备一个帐篷，让孩子在里面安放一些温馨的物品，比如，抱枕、靠垫，当孩子感受到不安全的时候，允许孩子进入帐篷呆着，直到自己感觉好起来的时候再出来。

在房间安全的窗台飘窗上，铺上厚厚的柔软的物品，布置一个休息区，放上柔软的物品和书籍，午后孩子坐着躺着晒晒太阳，父母和孩子一起享受亲子阅读的特别时光。

第二个方法：内在安全感修复。内在的安全感就是孩子内心的一种感受，孩子会不记得你说过的话，但是会记住你带给他的感觉，孩子是否感受到被尊重，是否感受到被允许，是否感受到被关心，是否感受到被爱护，是否感受到被接纳，是否感受到被理解。

父母温柔的语言表达，和善的面部表情，嘴角带有笑意的弧度，都是在告诉孩子，我对你是友好的，我对你是安全的，让孩子可以放下戒备和防御。

当孩子有情绪的时候，父母识别出孩子的感受，理解孩子的情绪感受，允许孩子表达自己的情绪感受，理解孩子忽然爆发出的小情绪，安抚好孩子的小情绪。

当安全感不足的孩子，还没有准备好的时候，就可能会选择不说话，父母这个时候也需要耐心地等待，给孩子一点时间，明确地告诉孩子，等你准备好的时候再来告诉我吧。这个方法对于安全感低、敏感度高的孩子特别有效，我也一直坚持用这样的方法和孩子进行互动，每一次都能收获到孩子的连接和信任。当然，父母在说这些话的时候，一定是发自内心地喜爱自己的孩子，发自内心地允许这个孩子按照自己的节奏来。

青春期的孩子则需要父母更长时间的爱心和耐心的付出，而且青春期孩子与父母需要重新修复和建立新的连接和安全感。

小浩是个初中生，每天都会被老师留在办公室里，有一天小浩爸爸来接他的时候，在老师的办公室里忍不住踢了他一脚，血气方刚的他也毫不示弱，父子二人在老师的办公室里上演了一场大战，小浩妈妈因为孩子的行为和成绩，夜夜失眠，头发大把地掉落，夹在两父子之间，左右为难。

小浩妈妈走进了我的工作室，经过前期的家庭综合测评和问题的分析，发现小浩外在和内在安全感都出现异常，我为小浩一家制订了因材施教家庭教育的调整方案。

首先通过测评了解父母的性格特点，认识孩子的性格特质，找到亲子关系问题的根源。

其次用因材施教家庭教育方法：第一步父母修复孩子的安全感，修复与孩子之间的亲子关系；第二步提升父母情绪管理的能力，父母是孩子的榜样，情绪稳定的父母才能养育出情绪稳定的孩子；第三步提升父母多元化的思维方式，从以前的非黑即白思维，到后来的思维多种可能性；第四步父母用鼓励的语言重塑孩子的自信心，父母嘴里的话语就是孩子未来的样子。

最后，小浩一家从以前的鸡飞狗跳，到现在的母慈子孝，亲子关系相当和谐融洽，父子之间黏的让妈妈都要吃醋，小浩也在进入高中之后，在学习上从学渣逆袭成为学霸。

这个家庭的变化，源于父母对孩子与家庭安全感的不了解，这一切的变化，得益于父母修复了孩子之间的安全感。当孩子感受到来自父母无条件的爱和安全感的时候，孩子和家庭就会往积极的方面去发展。

满足孩子六大心理基本需求

教育，这首先是关怀备至地，深思熟虑地，小心翼翼地触击年轻的心灵，在这里谁有细致和耐心，谁就能获得成功。

——苏霍姆林斯基

一个人的健康包含两个方面，身体健康和心理健康。心理健康方面包含着一个人的六大心理需求能得到满足。

六大心理基本需求：第一是生理及活动的需求；第二是被爱，被关怀；第三是归属感；第四是自尊心；第五是好奇心；第六是成就感。

这六大心理基本需求也是一个孩子内心最强大的力量，不仅是现在，还有未来，都会产生生生不息的动力源泉。

六大心理基本需求也影响着一个孩子的学习能力，每一个青春期的孩子学习能力下降的时候，父母和孩子同时走进心理咨询室的时候，每一次我都会顺着这六大心理基本需求去寻找，最后，都能在六大心理需求中找到孩子问题的根源。

第一，生理及活动的基本需求

孩子正值身体发育的旺盛阶段，各种器官也正急速成长中，需要食物营养与充足的睡眠，以保证身体充足的需求，调整学习时间，改善睡眠不足的情形，才能精力充沛，学习才能有动力。当身体出现慢性疲劳，身心承受过度负荷的时候，会出现头痛、头昏，注意力不集中，记忆力减退，脾气暴躁，粗心大意等，对于学科学习不感兴趣，知识没有完全弄懂心烦意躁，产生压力过大。

有的父母过于担心孩子的安全，不允许孩子有室外运动，社交的活动。特别是后疫情时代，孩子健康高于一切的，父母有这样的想法也是可以理解的，但是也不能完全一刀切，只允许孩子待在家里，因为孩子的生理身体发展的需求也需要在日常活动中才能得到满足。

那么，在保证孩子环境安全的情况下，创造让孩子进行户外活动的大量机会，比如外向孩子的大量精力需要在这种活动中得到释放，内向孩子也需要通过活动打开自己的内在身体能量。

即便是新冠肺炎疫情期间，在家里也是可以完成一些每日需要的活动项目，如亲子游戏、亲子运动、亲子阅读、亲子互动，这些既能让父母陪伴孩子，又能让孩子充分活动，身体、大脑都得到了更好的统整和配合。

第二，被爱及被关怀的基本需求

天下所有的父母都认为自己最爱自己的孩子，但是父母的这份深爱孩子是否能够感受到却不得而知了。

简单一个比喻是：孩子喜欢吃苹果，父母却硬要给孩子一个橘子，告诉孩子橘子比苹果更好吃，此刻孩子能感受到来自父母的关心和爱护吗？

走进我的咨询室的孩子们，我都会问他们一个同样的问题：你觉得你的父母爱你吗？

孩子们听到之后，有的会低下头，有的思考片刻后，摇摇头，回答却是惊人的一致：我感受不到，我觉得爸爸妈妈更爱那个考试成绩好的、听话的自己。

当孩子感受不到来自父母的被爱和被关怀的时候，心理会产生负向的情绪感受，会觉得爸爸妈妈不爱我，爸爸妈妈不理解我，没有人爱我，我好孤独、好无助，就像一个漂浮的浮萍一样，在水里漂来漂去，没有栖身之所，没有暖心的爱。

接着孩子会出现各种不良行为，当然孩子不知道这个行为是不良行为，只是想通过这样的行为向父母一遍遍确认自己在父母心里的重要性，父母是否真地爱着自己。

父母与孩子的亲情依附关系是否良好，孩子在家里的状况如何，父母是否能够尊重、平等地对待自己的孩子，让孩子有独立健全的人格。特别是父母在孩子有需求的时候，有没有做到第一时间去回应，当孩子有烦恼和困难的时候，第一反应是否会向自己的父母分享和求助。

孩子与自己的兄弟姐妹之间的关系，父母是否公平对待每一个孩子，有多子女的家庭，父母提供的是合作的家庭关系发展空间，还是竞争关系的生存环境。

父母可以从了解孩子，陪伴和倾听孩子的心声做起，允许孩子在家里表达自己真实的感受和想法，多一份包容接纳孩子的现状，而不是用自己的标准来要求孩子，才能与孩子建立良性稳固的亲情关系，让孩子感受到来自父母的关爱。

爱是每一个孩子成长的重要心理营养，这份营养能不能滋养孩子的内心，不是由父母说了算，而是由孩子真实的感受说了算。

第三，归属感的基本需求

这里的归属感有两个，一个是来自家庭的归属感，还有一个是来自学校班级的归属感，孩子在自己的家里是否感觉到安全、温暖，一个人对外在情景的解读，往往是自己内心的投射，孩子的内心是很敏感的，但是却不善于表达自己内心的那一份敏感情绪。

一方面来自家庭的归属感。有的孩子在家里比较喜欢一个人单独活动，而不愿意和他人交流。内向的孩子比较喜欢安静地独处，这是孩子的个性使然，父母千万不要责怪孩子，只需要循序渐进地引导，通过创建安全的家庭环境，让孩子适应和他人多多互动。

有一次，我在一个孩子的归属感测评一栏里看到，这孩子比较喜欢住在亲戚和朋友家而不是自己的家里。和孩子交谈之后才发现，父母不顾及孩子在家庭里的感受，父母坚持拿自己的孩子与别人家的孩子做比较。所以父母和孩子之间的关系比较疏离，孩子在家里感觉到不安全，反而住在亲戚家更加放松，父母与孩子之间的依附关系过于紧张和压抑。

有的父母不善于表达自己的情绪和感受，只关注孩子的行为和成绩，过分挑剔指责孩子的行为和想法，也会让孩子感到深深地挫败感，久而久之，孩子害怕来自父母的指责和评判，就不敢表露自己的心声。如果一个孩子在家庭里感受不到安全感和归属感，长此以往孩子就会没有学习的内动力。

父母了解自己的性格特点，了解孩子的性格特点，需要更多的爱心和耐心，在我大量的家庭咨询中发现，很多孩子的安全感、归属感的缺少往往是父母的性格导致的，父母与孩子的性格截然相反，父母把所有的重点都放在孩子的一言一行上。父母用自己觉得都是对的主观方式来教导孩子，而对于自己性格特点，往往是很多父母最容易忽视的地方。

父母与孩子在家庭里要创建一种安全、亲密、信任的亲子关系，这样安全的依附关系就是孩子幸福的底色，孩子有了安全感，有了自信，才能对外在的世界产生信任。

另一方面来自学校班级的归属感。孩子对于班级归属感，大多源自对情境的不认同或自己不被认同，特别是孩子刚刚进入新的教室，面对新的同学和老师，同学和老师是否喜欢自己，自己是否和同学能说在一起、玩在一起、学在一起。特别是青春期的孩子们，孩子的自信心也来自同伴之间的肯定与认同。

孩子在班级中的归属感也来自自己适应情境的能力，外向的孩子天生是社交家，到哪里和谁都能打成一片。内向的孩子敏感度比较高，对外界的人、事、物的变化需要时间适应，对于安全感归属的要求比较高，会过分在意他人的看法和想法，这也会影响孩子的情绪，情绪也会影响孩子对于归属感的体验。在班级中孩子是否能够感受到归属感，甚至会影响到孩子对于某一门学科的兴趣和学习。

有个初三的孩子忽然在周一早上对妈妈说，不想去上学了。妈妈急忙带着孩子来工作室找我，经过仔细询问，孩子说出了英语老师在全班同学下课的时候，骂了另外一位同学，而这个孩子听到就觉得英语老师是在故意骂自己，所以产生了不想去上学的念头。

如果父母发现孩子在学校无法感受到归属感，就要及时去学校向老师了解具体的情况，孩子在学校发生了什么、听了什么，及时疏导孩子的情绪，解开孩子与老师、与同学之间的误会，和老师一起合作，帮助孩子度过这段比较艰难的过程。

第四，自尊心的基本需求

孩子的自尊心首先来自是否喜欢自己，自尊的意思是尊重自己、喜欢自己，无论别人怎么看、怎么说，我都不可动摇地喜欢我自己。一个人有了自尊才能去他尊，他尊的意思就是尊重他人、尊重物体、尊重事情。在孩子小的时候，是通过与周围人的互动、语言来确定别人是否喜欢自己，特别是父母与主要照顾者之间，相互尊重的互动。

自尊和自信是孩子学习的原动力，当孩子自我概念较弱的时候，很容易将这一心情投射到外部的世界，认为自己身边的人都看不起自己，特别是孩子上小学之后，家长老师关注的更多的是成绩，父母老师总是以成绩的好坏来作为好孩子或者好学生的认定标准，那么，成绩不佳的孩子会感受不到自我价值，自尊心就容易受损。

第五，好奇心的基本需求

好奇心是一个孩子想学习的开始，成就感是自动自发学习的原动力，特别是一个外向的孩子简直就是一个行走的好奇宝宝，对外面的万事万物都非常好奇，除了孩子的眼睛外，孩子的手、脚，身体的每一部分都在透露着好奇的信息，我们把这部分孩子叫作好奇宝宝。当父母了解自己孩子的特质就可以顺势引导，如果不了解孩子，就会觉得这孩子太调皮了、太活泼了、太好动了。

当孩子的好奇遇到的是父母的打压、指责和责备的时候，孩子的好奇心就会受到压抑，随之压抑的还有孩子想学习的动力。

好奇心是每一个孩子宝贵的资源，父母需要肯定和保护孩子对事物的好奇，满足孩子对好奇心的需求。学会运用提问的方式与孩子进行对话，在一问一答中将孩子好奇的事物做扩展，让孩子在被认同的情景中，培养自发学习的好习惯。

第六，成就感的基本需求

成就感是自发学习的源动力，每一个孩子都有不同的体质和智慧，成就感简单一句话就是孩子认为自己："我能行。"从孩子不会，到学习，到认为自己行，这个过程就像是种下一颗种子，平时精心施肥、照料、补充营养，最重要的是根据这个植物的喜好来养育，比如，这是一棵仙人掌，就不能多浇水；这是一株含羞草，摸叶子的时候就要轻轻地；这是一棵牡丹，就需要精心地培植，水分、阳光、温度，一点都不能大意。

一个孩子内心中的成就感，也如同一朵开在心田的小花，这朵小花是靠孩子内心的成就感来滋养的，父母的积极语言，父母的稳定情绪，父母的温暖表情都会让这朵心田小花受到正面影响，就能让孩子的内心感受到我是健康的、我是被爱的、我是重要的、我是爱学习的、我是有能力的、我是有成就的。

以上是满足孩子的六大心理基本需求，它们是层层递进的关系，也是缺一不可的关系。在我的咨询案例中，家庭系统测评中可以清晰明了地看到父母在这六大方面哪些是做得好的地方，哪些是需要立刻改进的地方。在家庭教育中，特别是青春期养育出现了问题，都从这六大方面找到主要问题和次要的问题，在根源上进行调整，家庭咨询效果也会又快又有效。

满足孩子的六大心理基本需求也是如同高楼大厦的地基一样重要，大楼的地基稳固才能坚如磐石，上面盖的高楼才能安然无恙。心理基本需求是一个孩子未来在自己的人生道路上能否走得久远，走得高的一个重要的支持。我也遇到过有的专业能力很强的人，心理承受能力却很弱，平平顺顺的时候还好，一旦遇到逆境心理上这关就会首先抗不过去了。

一个身体健康，心理健康，生活在满满爱的环境里的孩子，拥有强大的安全感、归属感，既能尊重自己、喜欢自己，又能尊重他人，喜欢与他人互动，对未来充满期待和好奇，努力向上，积极进取，在未来一定也能活成自己喜欢的样子。

化繁为简五部曲：了解，接纳，尊重，欣赏，享受

阿德勒说只有爱，是无法养育孩子的，但如果没有爱，育儿技巧也会变成毒药。

——阿德勒

有一天，我和一位妈妈在微信上沟通交流，这是一位焦虑且完美的妈妈，她给孩子营造的压力太大了，既想让自己的孩子优秀，却不给孩子锻炼的机会，时时刻刻关注自己的面子，处处苛责孩子的不足之处，满眼看到的都是孩子的缺点，对孩子处处不满意，却幻想着孩子不通过锻炼就能够自信满满地站在舞台上演出。

天啊，这样纠结、矛盾、撕扯、高控的妈妈，内心已经拧巴得像麻花一样……在她的微信语言中已经展现得淋漓尽致，同时她也陷入在自己的思维中，认为自己是正确的，所有做的都是为了孩子好，结果与孩子的关系剑拔弩张，一地鸡毛。

是的，当父母的教育观念偏航之后，接下来营造实体环境，

滋养孩子的六大心理需求，就会跟着一起偏航，而且会越偏越远。在妈妈这样的高要求、高内耗的环境里，妈妈和孩子进行着一场又一场的博弈，希望孩子按照自己说的去做，与孩子的内心渐行渐远，最后孩子更加不愿意听从妈妈的话。

其实用因材施教的家庭教育方法去教育孩子就可以化繁为简，父母首先了解自己，然后认识自己的孩子，用五部曲就可以轻松做父母，孩子快乐，家庭和谐，事业成功。

第一步，了解孩子

在我的测评中，有很多孩子与父母眼睛观察到的是完全不一样的，有一个男孩特别爱看书，喜欢安静，妈妈觉得自己的孩子一定是一个内向的孩子，但是测评结果让妈妈大吃一惊，这个孩子的先天气质是趋近+1的，也就是说这个孩子的性格是外向的，孩子的性格特点除了先天气质，后天的主要养育者营造的生长环境也是很关键的。

还有一对姐妹俩，妈妈说老大比较内向，老二比较外向，然而测评的结果是相反的，老大比较外向，老二比较内向。了解孩子只用父母的眼睛是不够的，还需要用科学的评量，全面系统地了解孩子，从孩子的性格到敏感度、适应能力、学习基本准备度（专注力和坚持度）、情绪本质、适应情境以及解决问题的能力、内心的心理需求满足度等。

为什么眼睛观察会出现与测评不一样的结果呢？那是因为每一个人都带着自己的私人逻辑和主观信念与他人互动，先入为主的观念会影响事实。

私人逻辑就好像一个人带着一副有色眼镜在观看外在的世界，有的人眼镜的颜色是红色的，有的人眼镜的颜色是灰色的，有的人眼镜的颜色是黄色的，还有的人是戴着没有镜片的眼镜，所以不同颜色折射出每个人不同的感受、想法和决定，当两个人之间信念相同的时候，会惺惺相惜，当两个人信念不同的时候，就会大动干戈，这也是人与人之间冲突矛盾的来源之一。

哪怕是性格一样的孩子也会出现不同，是因为每一个孩子的成长经历不同、家庭环境不同，主要养育者性格的不同，主要养育者之间教育观念的不同，造就出每一个孩子是不同的。

第二步，接纳孩子

面对这样一个与众不同的孩子来到我们身边的时候，我们又该如何来对待他呢？当父母们完成第一步了解孩子之后，请接纳你的孩子吧，无关他的长相、身高、成绩、是否听话、是否调皮、是否乖巧，无论孩子怎样，全然地接纳他。

然而很多父母都比较难以接纳自己的孩子，因为每一个父母心里都有一个完美的孩子，动不动就拿自己心里完美孩子的标准来要求现实生活中真实的孩子，要求他这样，要求他那样，父母对孩子有期待是正常的，但是同时也要接纳孩子不是完美的，父母自己也是不完美的呀。父母一味要求孩子达到自己完美的标准，对孩子身心健康的成长都是不利的。

接纳孩子，也不只是一句口号，父母喊喊就可以做到接纳自己的孩子了，不一定的。首先要认识到自己孩子的独一无二，就如同这个世界上每一片树叶一样，没有两片一模一样的叶子。其次接纳父母自己的不完美，一个人有优点、有缺点才是一个完整的人，不强求自己和孩子做一个完美的人。最后用积极正面的思维多看到孩子优点的部分，孩子能力范围内已经做到的部分。

当事实与期待不符合的时候，父母可以用这样的一句话来提醒自己：凡事发生都是好事情。

第三步，尊重孩子

有了接纳之后才会有改变的发生，接纳孩子不代表不管孩子，放任孩子，而是允许孩子用自己的方式去成长，允许孩子用自己的方式去探索学习，允许孩子用自己的方式成为自己。

一个孩子只有感受到被尊重，才会产生合作。孩子是生活在社会环境里，被尊重的孩子会产生自尊，自尊就是孩子自己喜欢自己，无论是自己的优点还是自己的缺点，有着发自内心的那种自信。

自尊的孩子，才能发展出他尊，首先尊重自己，才能尊重他人，在孩子成长的过程中，第一个向孩子示范是否自尊的人就是父母，父母言传身教地尊重自己、尊重孩子，就是孩子最好的学习榜样。尊重这两字，说起来容易，做起来也是不容易的，特别是当父母对孩子有深深的爱和期待，一旦孩子的想法和行为不符合父母期待的时候，就是考验父母是否尊重孩子的时候。

有位爸爸带孩子出去吃饭，一开始对孩子说：宝贝，你说今天你想吃什么呢？中餐还是西餐？孩子说：我想吃西餐。爸爸说：西餐有什么好吃的，吃也吃不饱，还那么贵，还是吃中餐吧。孩子心不甘情不愿地跟随着爸爸去吃了中餐。

当孩子的选择与爸爸的期待不一致的时候，这位爸爸是否能够继续示范尊重孩子的选择，爸爸可以接着说：宝贝，听起来，你和爸爸的选择有点不同哦，爸爸想吃中餐，我们该怎么呢？

把爸爸和孩子不同的期待和选择，变成一次练习孩子解决问题能力的好机会，既尊重自己，也尊重他人。

当然，尊重孩子并不是意味着，一切让孩子说了算，一切都听孩子的，而是允许孩子去表达自己的想法和感受，甚至是一些奇思妙想，父母因势利导，顺势而为地引导孩子，把想法变成现实，把不可能变成可能。父母也允许孩子与自己的想法和行为经常不一致，特别是父母与孩子性格相反的时候，这样的时刻分分钟都是在考验着父母的耐心和爱心。

即便是父母不同意孩子的一些行为，也需要用和善与坚定的方式表达出自己的意见，在日常生活中，尊重孩子在每一天、每一刻都上演着。在餐桌上、在汽车上、在客厅里、在房间里，在与孩子一起的每一分、每一秒里。

第四步，欣赏孩子

用欣赏的眼光看待孩子，孩子就像一件艺术品一样，每一个表情、每一个微笑都有值得被欣赏的地方。

很多父母在说到自己孩子的时候，总是习惯性地说起孩子不好的地方，这也不好，那也不行。有时候当着孩子的面也会这样说，无论是外向和内向的孩子，这些都是大忌。因为每一个孩子都有自尊心，每一个孩子都是积极努力向上的，就要看父母有没有慧眼识别到孩子独特的一面。

欣赏的语言就像是水滋养万物一样重要，欣赏孩子是鼓励孩子最重要的方式之一，让孩子知道在父母眼睛里，他是那样特别，他是那样有价值，他是那样被尊重，他是那样独一无二地存在着，世界因为有他的存在而美好。

长期以欣赏的眼光，欣赏的语言塑造孩子，可以改变孩子的大脑回路，重新建立新的大脑回路，当孩子的自我感觉好起来的时候，他的内心会充满勇气和力量，面对困难就想着去解决，内心中的原动力会源源不断支持着这个孩子一路前行。

在我的个案咨询中，对于青春期孩子的咨询，我会提前用A4

纸为来访者孩子画一棵欣赏树,每一次我发现这个孩子的优点之后,我会用便签贴写下来,贴在纸上,当个案咨询全部结束的时候,我就会把我画给孩子的欣赏之树送给孩子。每一次送给来访者孩子的时候,都能看到孩子眼中的惊喜和激动。

第五步,享受差异

此刻你就会发现,无论孩子的性格特点是和父母一样,还是和父母不一样,这一切都是多么美好,这个孩子既有你优势的部分,也有他自己优势的部分,你和我不一样是一件特别有趣的事情,我们在相同里面找不同,在不同里寻找着相同,享受着我们的不同,合作共赢就是在不知不觉中发生了。

在我的来访者家庭中,有三口之家,四口之家,家庭成员有的相同,有的不同,有一个四口之家,四个人的性格各不相同,妈妈、爸爸、两个孩子,正是因为这样的各不相同,导致爸爸妈妈冲突不断,父母与两个孩子之间也是矛盾频出,为此妈妈特别痛苦。

当妈妈看到自己和家庭成员是如此不同,心中有所释然,孩子提出想要买计算机的时候,妈妈改变以往的策略,让孩子自己去想解决问题的办法,最后孩子想到折中的办法,考虑到家中的经济情况,提出买一个二手电脑。以前妈妈遇到事情就会有情绪爆发,这次孩子提出想法的时候,已经想到了解决方案。

遇到问题，让孩子试着去解决问题，妈妈先稳住自己的情绪，耐心听完，事情就这样轻松得以解决，同时又可以满足两个人的需求，这就是享受差异带来的两全其美。

你是在重塑自我，还是在重复自我？用好这因材施教家庭教育五部曲，让我们一起做不良互动关系的终结者，做幸福家庭的开创者！

推荐人

慕雪老师通过多年教育咨询的实践，总结了一套有效的激发孩子"内动力"的方法，用看、听、问、爱、评教您发现孩子的优势，这是本书的特色，也是教育孩子最需要的本质内容。如果您是一名困惑的家长，或是想获得更多有效教育方法的从业者，您可以仔细研读本书。（**中国心理卫生协会首批注册心理师　石杰**）

妈妈用养育大宝的方法来养育二宝，为什么有时不太管用；老师用教育一班的方法来教育二班，为什么有时也不太管用……每个孩子都有自己的先天优势，学会用事半功倍的方式来养育孩子，将成为众多家长和老师的新必修课。慕雪老师的书，将帮助您从实践的角度挖掘孩子的独特优势，帮助孩子成长为最好的自己。（**《减负不减分：青少年高效学习指南》作者　快马老师**）

亲爱的书友，我想您是带着深深的爱而来，想要解开养育的难题，您的孩子多有福气啊。而我，要祝福您，即将在阅读中把幸福开启，随着孩子的优势点亮，您会看到自己、他人和整个世界都呈现光芒。我确信！因为我正在路上，体味这曼妙无比的辰光。（**优势养育践行者　燕南**）

每个孩子生来都是孤品，好的教育是在尊重每个生命的唯一性和独特性的基础上，帮助孩子认识自我，将自己的潜能发挥到极致。这本书分析了不同性格类型的孩子所具有的独特优势，并提出了对应的发现和培养的方法，帮助父母更好地发现、唤醒和点燃孩子的潜能。家长焦虑、忧愁该如何去帮助孩子，不如和孩子一起去发现孩子身上的优势点，让每个孩子用自己的方式，在适合自己的赛道上发光。（**数学高级教师，从事班主任工作26年　徐晓兰**）

本书从孩子的出生，谈到孩子的青春期，从孩子的性格，谈到孩子的学习能力。书中有真实的案例，有实用性、操作性强的方法。优势养育，助力孩子成为更好的自己，父母和孩子之间需要一座桥，这本书就是架起孩子和父母之间的一座桥梁！（**语文高级教师，从事班主任工作25年　徐菊娣**）

家长是孩子的第一任，也是永远的老师！孩子是家庭的更是社会的。孩子成长的每一步都值得重视！怎样培养孩子，是每个家庭乃至社会共同探讨的话题！本书阐述了孩子的独一无二性，以及怎样发现不同时期孩子的独特优势，尤其青春期孩子的独特优势！每个章节都附有小练习测评，通俗易懂！（**中学一级教师，从事班主任工作32年　窦可琴**）

孩子给每位父母带来希望和快乐，也带来困惑和焦虑，孩子教育是每个家庭的最大事。本书多角度观察孩子：了解孩子的性格、学习动力、智慧潜能，带领家长了解孩子成长的规律，破解孩子内心的秘密，并化繁为简发现每个孩子的优势。（**语文高级教师，从事班主任工作15年　李瑛**）

这是一本实用性很强的好书，值得每一位家长用心去读。我相信读了这本书的家长一定会如获至宝，就如找到了发现孩子独特优势的秘籍宝典，优势养育，助力孩子成为更好的自己。（**中学高级教师，从事教育工作37年　时伟琴**）